すぐれたリーダーに学ぶ
言葉の力

齋藤 孝

まえがき

すぐれたリーダーの言葉には、力がある

「それは厳しい仕事だ。やるべきことが無限にあり、心がくじけそうになる。だが、毎日のように苦しんでいる社会に目を向けよう。彼らは生き続けている。そして、その人たちの瞳の中では私たちが希望の象徴なのだ。だから、続けなければならない。あきらめる自由はない」

これは二〇一一年にノーベル平和賞を受賞したリベリア人女性リーマ・ボウイーの自伝『祈りよ力となれ』（キャロル・ミザーズとの共著、東方雅美訳、英治出版）の末尾の言葉だ。

女性ばかりの平和運動団体を組織し、内戦状態にあったリベリア国内で非暴力による抵抗運動を展開。ついには和平交渉を実現させ、内戦を終結させた。そんな彼女の力強い宣

言である。

この一文だけで、彼女がいかに優れたリーダーかがわかるだろう。使命感に満ち、人を思い、自らを鼓舞するように覚悟を決めている。その姿には、誰もが賛辞を送りたくなるはずだ。

もっとも、人ごとのように称賛してばかりもいられない。**好むと好まざるとにかかわらず、今や誰もがリーダーになる時代である。**大組織のトップとまでは行かなくても、例えば五、六人のメンバーを束ねる機会はいくらでもあるだろう。

ひとたびリーダーとなれば、メンバーの意思を統一し、一つの目的に向けて動かす役割を負う。そこで欠かせないのが「言葉」だ。

よほどのカリスマでもないかぎり、「黙って俺についてこい」では、誰もついてこない。いかに自分の意思を伝え、相手をその気にさせるかが問われるのである。

しかし言うは易しで、これがどうもうまく行かないと悩む人も多い。意思が伝わらないだけならまだしも、信頼関係まで崩して多大なストレスを抱えたりすることもある。

実はリーダーシップの発揮こそ、あらゆるビジネスパーソンにとってもっともやっかいな仕事かもしれない。

その点、古今東西のリーダーは多かれ少なかれ言葉を残している。仲間の意識を変えただけではなく、歴史を動かし、世界を変えた言葉もある。

では**彼ら彼女らは、どういう経緯でそれらの言葉を紡ぎ出したのか**。なぜ、聞いた人々は心を動かされたのか。言葉を紹介するとともにその背景まで探ろうと試みたのが、本書である。きっと、私たちの日常会話でも使えるヒントがあるはずだ。

「断言」という説得力

例えば、冒頭に紹介した一文にも、語尾にちょっとした〝秘密〟がある。はっきり言い切っているということだ。

これは「断言力」とでも呼ぶべきもので、それだけでリーダーらしい言葉遣いになる。内容もさることながら、力強さと説得力を増すのである。

たしかに、何かを断言する人は自信があるように映るし、したがって強そうに見える。「断言力」は、ある種の〝魔力〟のようなものといえるだろう。

だとすれば、人を鼓舞し、安心させ、動かす役割を負うリーダーは、誰よりも「断言力」を身につける必要がある。

メンバーに向かって「がんばろう」と掛け声をかけるだけでは足りない。「がんばるんだ」「がんばらない自由はない」ぐらいに言えなければ、リーダーらしい文体にならないのである。

もちろん、断言するからには相応の決断と覚悟が必要だ。必然的に責任も負うことになる。あえてそう意識することが、自身のリーダーシップの育成にもつながるだろう。たしかに迷うこともあるだろうが、「難しいね」「どう思う？」とばかり言っていてはいけないということだ。

ところが日本人は、概して断言を苦手としている。もともと日本には、世界でも稀な「曖昧さを好む文化」があるからだ。

揉め事や争いを避けるため、あまり自己主張せず、自分と相手とを明確に区別しない。考えが合わない人との間に溝ができることを防ぐため、なんとなく雰囲気でやり過ごす、といった具合だ。おそらく、世界でもっとも押しの弱い人々だろう。

だがこれは、リーダーシップの観点では不利に働く。現実を動かすには、どうしても「イエス」か「ノー」かの判断が必要だからだ。その部分を曖昧にしたり先送りしたりすると、リーダーとして信頼されないだろう。

ことさらに〝国際標準〟を目指す必要はないが、決断して言い切る能力、つまり断言力はある程度身につけておく必要があろう。

言葉と行動を一致させる

ただし、闇雲に断言しさえすればいいというわけではない。**リーダーにとってもっと重要なのは、言葉と行動を一致させることだ。**

『論語』の有名な言葉に「巧言令色鮮なし仁」（学而第一）がある。また「剛毅木訥、仁に近し」（子路第十三）とも述べられている。**心にもないきれいごとを並べるより、寡黙でも正直・勇敢であれというわけだ。**

もともと孔子は、リーダーの育成を得意とした人物だ。『論語』に書かれているのは、大臣や官僚を目指す弟子たちに向けられた言葉である。「巧言令色」も、「人として」というより「リーダーとして」慎めと説いているわけだ。

たしかに、あまり実績のないリーダーがいくら強い言葉を並べても、強がりにしか聞こえない。美辞麗句を並べても、うさん臭く聞こえてしまう。

何らかの成果を出したり、行動で模範を示すからこそ、その言葉にも説得力が生まれるのである。

同時に重要なのは、**同じメッセージを伝え続けること**だ。聞いた話だが、例えば劇団四季の稽古場には、「一音落とす者は、去れ！」と手書きされた紙が貼られているという。舞台上でのセリフを台本どおり観客に届けよ、という意味だろう。「去れ！」という厳しい言い方から察するに、主宰していた浅利慶太さんの言葉だ。おそらく、稽古のたびに言い続けてきたに違いない。

それを**口頭のみならず、わざわざ貼って〝見える化〟する**あたりに、劇団四季の舞台に懸ける執念が感じられる。だから、言葉が力を持つわけだ。劇団員の方は、日々それを見て、聞いて、すっかり身体にしみ込ませているのだろう。

劇団四季の舞台といえばテンションと完成度の高さで知られるが、その一因はこの言葉にあるのかもしれない。リーダーがメッセージを伝え続けるとは、こういうことである。

こうして一つのメッセージが浸透すれば、それが〝幹〟となって、〝枝葉〟の言葉まで伝わりやすくなる。

リーダーがわずかな言葉を発するだけで、それが何を意味するのか、メンバーは察することができるようになる。こういう組織が強力であることは、言うまでもない。

つまりリーダーにとって重要なのは、伝えやすくなるような場をつくることだ。一発で状況を変えられるような魔法の言葉は存在しないし、誰かの受け売りでも意味がない。**自らの身体から渾身の力を込めて発し続けて初めて、伝わるべくして伝わるのである。**

それこそが、リーダーの持つべき「言葉の力」である。

ミッション！　パッション！　ハイテンション‼

人の心を動かし、現実を変える力。それが、リーダーの言葉力だ。リーダーシップが言葉の力に満ちあふれ、その気力に聴いている者が胸を熱くする。

力のあるリーダーの言葉とは、聴いている者に、「使命感・情熱・高揚感」をもたらす。それを標語として言いかえるなら、「ミッション！　パッション！　ハイテンション‼」だ。

自分たちの使命（ミッション）は何なのか。苦難を乗り越える情熱（パッション）を持っているか。明るく前向きな気持ち（ハイテンション）で現実に向き合う心の準備はできているか。

リーダーの言葉は、聴いている者の心にこうした問いを投げかけ、自分の問いとして心に植える。

こうした前向きな心のあり方を別の言葉で言うなら、「当事者意識」だ。リーダーの力あふれる言葉を聴くことで、「傍観者意識」から「当事者意識」へと転換する。この転換が現実を変えていく。

「当事者意識」を目覚めさせる言葉を生み出せる人は、役職にかかわらず、すでに実質的にリーダーだ。

その人の精神を中心にしてメンバーが当事者意識をもって集まる。その中心にいる人がリーダーだ。年齢や役職ではない。精神の力が言葉を通じて伝播する。その精神の力を持つ者がリーダーになる。

たとえ四、五人の集まりでも、リーダーは必要だ。事をなそうとするなら、軸になる精神力が必要なのだ。

精神力とは、けっして抽象的なものではない。本書はいかにリーダーの精神力が具体的であるかを示すものだ。

精神という「無形だが、たしかな力を持つもの」を、明確にするのが言葉だ。

リーダーシップを鍛えようと思うのなら、まず言葉の力に目覚める所から始めよう。

合い言葉は、「ミッション！　パッション！　ハイテンション!!」だ。

伝えるべき言葉を探るための「座右の書」として

本書で取り上げたリーダーの言葉の中には、あまりにも有名なものもあれば、さほど知られていないと思われるものもある。

いずれにせよ、それぞれのリーダーが何に悩み、何を決断し、それをどんな言葉で語ったのかまで、おおいに味わっていただきたい。

また、それが周囲や社会や歴史にどんな影響を及ぼしたのかを知れば、言葉の力の大きさを実感できるだろう。

先にも述べたとおり、今や誰もがリーダーになる時代だ。だとすれば、**誰もが伝えるべき言葉を持たなければならない。**

そんなとき、きっと本書が役に立つ。「強い言葉」の何たるかを知って自らを鼓舞するもよし、自分の置かれた状況に近いリーダーを探すもよし、「カリスマ」と呼ばれるリーダーの言葉を復唱してみるもよし。常に座右に置き、ことあるごとに開くことをおすすめしたい。

目次

第1章

「世界観」を語る

第2章

「力強い言葉」は身体性から

第3章

心のバリアを解き放つ

第4章

「ぶれない覚悟」が人を動かす

第5章 「情熱」が人を惹きつける

第6章

メンバーと目線を同じくする

第7章
思想と精神を体現する

第 1 章

「世界観」を語る

「貧困とはまさに、あらゆる人権の不在なのです。」

ムハマド・ユヌス（グラミン銀行創設者、ノーベル平和賞受賞者）

ビジョンを語って、賛同者を増やす

二〇〇六年、ノーベル平和賞の受賞で一躍脚光を浴びたのが、グラミン銀行を創設したムハマド・ユヌスだ。

「貧困とはまさに、あらゆる人権の不在なのです。惨めな貧困によって引き起こされたフラストレーション、敵意、そして怒りがあると、どのような社会においても平和を維持することはできません」

「人間は誰でも、内なる能力が備わっています。ただ自分の保身のためだけでなく、世界全体の人々の幸福を増やすために貢献しようという力です」

（いずれも『貧困のない世界を創る』ムハマド・ユヌス著、猪熊弘子訳、早川書房）

受賞記念講演で、ユヌスはこのように訴えた。**これから実現しようとする理想の社会と現実とのギャップが、発言の原動力になっているように思える。だから、言葉の一つ一つが力強い。**

周知のとおり、貧困層に無担保・低金利で少額を融資するグラミン銀行のシステムは、貧困問題の解消に大きな可能性を示した。

だがそれは、単にシステムが優れていたという話ではない。**ユヌスという人物のビジョンと言葉の力がなければ、賛同者・参加者はずっと少なかっただろう。**

例えば、ある地域でこのシステムを導入し、テレビや新聞を使って簡単な告知をしたとしよう。だがそれは、振り込め詐欺の撲滅のために「振り込め詐欺に引っ掛からないようにしましょう」というポスターを貼り出す行為に等しい。

ポスターにどの程度の効果があるかは不明だが、撲滅に至らないことはたしかだろう。

仮にイメージキャラクターとして売れっ子の芸能人を起用したとしても、おそらく結果は同じだ。

イメージはイメージに過ぎず、本腰を入れて取り組む人間が見えないため、誰も真剣に向き合おうとはしないのである。

状況は違うが、私にもこれと似たような経験がある。

某省の主催により、外国でシンポジウムが開かれたときのこと。私も参加したのだが、たいへんな予算を使い、大会場を用意したにもかかわらず、観客は一〇〇人にも満たなかった。イベントとしては大失敗である。

実はその前日、私は現地の方から「このままじゃ誰も来ないよ」と聞かされていた。

理由ははっきりしている。外交的な事情から、その国でもっともメジャーなメディアを活用しなかったからだ。

もちろん、主催者もそれは認識していたはずだ。おそらく「開催した」という事実を残すことが目的で、誰も責任を持って成功させようとは考えていなかったのだろう。

いかにもリーダーシップの欠如した〝お役所仕事〟だった。

その点、ユヌスは自ら構想をつくり上げ、自らその意義とビジョンを世界に向けて語り、知らしめている。だからグラミン銀行を利用する人にとっては、単にお金の貸し借りだけではなく、貧困解消の運動に参加しているという誇りも感じられるに違いない。**システムではなく、人の力が賛同者・参加者を広げているわけだ。**

「繰り返すこと」の大切さ

そしてもう一点、私たちがユヌスから学ぶべきことがある。

いいシステムや便利な商品は、おそらく世の中に無数にある。しかし、その価値をなかなか世に知らしめることができなかったりする。

それは広告宣伝費のかけ方が足りないとか、マーケティングが間違っているといった理由もあるだろうが、もっと根本的なところに原因がある場合も少なくない気がする。**それが、重要なメッセージを何度も繰り返すということだ。**

人に何かを伝えようとするとき、斬新な内容でなければいけないとか、おもしろく言わなければいけないなどと考えがちだ。

特に知性の高い人ほど、どんどん新しいことを言いたがる傾向がある。それはちょうど、ユニークなテレビCMをつくって話題性を高めたい、という願望に近いかもしれない。

たしかにそれも大事だが、焦点がズレたり、すぐに飽きられたりしがちだ。そこでまた斬新なアイデアを盛り込もうとして、ますます本筋から遠ざかったりする。

それよりも重要なのは、シンプルな原理を繰り返し説明することだ。それによって理解者を少しずつ増やし、世の中に浸透させ、しだいに大きな力に変えていくのが、現実を動かす本筋ではないだろうか。

例えば私の知り合いの会社経営者は、社員数が千人規模に膨らんだとき、自分の思いが全体に伝わりにくくなったように感じたという。

そこで彼は、内容の重要度に応じて、伝え方を三つのグレードに分けて繰り返すことにした。ふだんの連絡事項はふだんどおりに、必要な注意事項は月に一度ずつ厳しめに、絶対に守るべき重要事項は年に二、三回だけうんと厳しく、といった具合だ。

ちょうど忘れたころに大きな警報を鳴らすような感覚らしい。

そうすると、何が重要かも理解されるし、気の緩みも防げる。ふだんはボーッとしがちな人でも、「これだけは気をつけよう」と思えるらしい。

これにより、どれほど社員が増えても意思統一は図りやすくなったそうである。

ポイントはやはり、同じ話をしつこく繰り返すこと、そしてメリハリをつけることだ。

ユヌスが実践していることも、この延長線上だろう。おそらくグラミン銀行の設立当初も、ノーベル平和賞の受賞講演でも、そして今でも、話の基本は変わらない。ソーシャルビジネスという新しい経済システムについて説明し、同時にそれによってどういう社会が実現するかというビジョンを語る。話す対象によって、ニュアンスを変える程度だろう。

結果的に、その「繰り返し力」が社会への浸透力を高めたのではないだろうか。

「あなたがあなたの国のために何ができるか。」

ジョン・F・ケネディ（第三五代アメリカ合衆国大統領）

真の民主主義への回帰を訴える

古代ギリシャの時代、アテネにしろスパルタにしろ、市民にとって最大の義務は戦争で戦い、国を守ることだった。

だがそこに、いわゆる「軍国主義」のような悲壮感はない。むしろそれは、誇りに満ちた行為だった。

かのソクラテスも、戦場に出て戦ったことを誇っている。だから、当時の都市国家は強かったのである。

その背景にあるのは、「この都市は自分たちのもの」という強烈な自負心だ。議論に参加して意思決定し、税金を納め、〝おらが町〟の将来をともにつくり上げていく。いわば手づくりの民主主義が機能していたわけだ。

命をかけてでも守りたいと考え、またそれを誇るのは当然かもしれない。

あるいは建国当時のアメリカにも、同じような意識が浸透していた。

とにかく何もないのだから、自分たちでつくるしかない。

例えば建国メンバーの一人で、「アメリカ資本主義の父」と呼ばれるベンジャミン・フランクリンの仕事量は凄まじい。

新聞を発行し、図書館や大学を創設し、消防団や夜警団を組織し、「アメリカ独立宣言」の起草委員にもなっている。また科学者として雷が電気であるとつきとめ、避雷針を発明。さらには啓発書の執筆に加え、『自伝』まで書き上げている。

いったい何人分の生涯を生きたのか、という気もするが、それだけ当時のアメリカは空白地帯だったわけだ。さすがに、一〇〇ドル紙幣に描かれるだけのことはある。

もちろん、すべて一人でこなしたわけではない。

周囲には多くの仲間がいて、汗をかいたり、お金を出したり、意見を戦わせたりした。

それも嫌々ではなく、積極的に「自分に何ができるか」と考えて取り組んだに違いない。黙っているだけでは誰も自分を豊かにしてくれないことを、重々承知していたからだ。ここでも、民主主義が手づくりされていたといえるだろう。

だが今日のように国家が大きくなり、行政のシステムが整い、政府と民間が完全に分離するようになると、国民の意識も変わってくる。

政治は政治家に任せきりになり、税金はできるだけ払いたくないし、一方で社会福祉の恩恵はできるだけ受けたい。その欲求が満たされないと、政府に不信や不平を募らせる。

これが近代国家の国民の傾向ではないだろうか。だとすれば、国民にとっても政府にとっても、あまり幸福な関係とはいえない。

そんな風潮に対し、敢然と意識改革を促したのがアメリカ第三五代大統領のＪ・Ｆ・ケネディだ。就任演説で、

「米国民の同胞の皆さん、あなたの国があなたのために何ができるかを問わないでほしい。あなたがあなたの国のために何ができるかを問うてほしい」

（アメリカンセンターＪＡＰＡＮ ＨＰ）

と呼びかけたことは、あまりにも有名だろう。

「国家は皆でつくるもの」として手づくりの民主主義への回帰を訴え、参加を促したわけだ。

日本の国のために何ができるか

同時にケネディは、

「世界の市民同胞の皆さん、米国があなたのために何をするかを問うのではなく、われわれが人類の自由のために、一緒に何ができるかを問うてほしい」　（同）

とも述べている。

このメッセージは、ラグビーでよく使われる“One for All, All for One”の精神に近いものがある。「それぞれ役割を果たそう」と呼びかけたわけだ。

いずれにしても「**アメリカという国家に頼るな**」という宣言であり、**相手にも責任を負わせるという意味では厳しい言葉である。**しかし、そこに重圧や負担を感じるような暗さはない。**むしろ明るさに満ちている。**それは、古代ギリシャやアメリカ建国時のような手づくり民主主義を期待させたからだろう。

ところがケネディは暗殺され、手づくり民主主義は一気に後退した。大統領の職はジョンソン、ニクソン、フォードと受け継がれたが、ケネディの遺志が継がれることはなかった。この時期はちょうどベトナム戦争が泥沼化していたこともあり、アメリカ史に暗い影を落としている感がある。

一方、日本人も民主主義の意識は低い。**自分が国家のために何ができるかなど、真剣に考える人は少なくなってきている。**

昨今は憲法改正論議が盛んだが、そもそも憲法とは、国民の権利を守るために、国家権力との約束ごとを記したものだ。市民革命後に提唱された人権宣言などに、そのルーツがある。ただし、そこに書かれているのは権利ばかりではない。国民として果たすべき義務も記されている。それが「勤労」と「納税」と「教育」だ。日本人にとっては、とりあえずこの三つが「国のために何ができるか」であるといえるだろう。

だが現在、それを認識している人がどれだけいるだろうか。**このわずかな義務さえ果たさず、「国が何をしてくれるか」に頼ろうとする人が増えている気がしてならない。**

少子高齢化が進む中、そういう人が増えたとしたら、日本はいよいよ泥船になるだけだろう。

権利をしっかり認識させ、その権利を維持するための義務を前向きに捉えさせる。メンバー一人ひとりが、積極的に義務を果たし、主体性を自覚する。この自覚を促す言葉の力こそ、リーダーシップだ。

白猫でも黒猫でも、ネズミを取る猫はいい猫だ。

鄧小平（中国の政治家）

歴史的大転換を演出した信念

毛沢東による文化大革命は、中国を大混乱に陥れた。共産主義に基づく徹底的な思想統制や弾圧は、国力を削いだだけだった。もし、その方向性をさらに推し進めていたら、スターリン時代のソビエトのように窒息しそうな監視社会になっていたに違いない。

そんな中国をガラリと転換させたのが、一九七〇年代後半に中央政府への復帰を果たした鄧小平だ。国家体制としては共産党による一党独裁を維持しつつ、経済では資本主義をどんどん取り入れていくという、前代未聞の「改革開放路線」を探りはじめた。

私の記憶によれば、当時の日本人は鄧小平に毛沢東とは違う意味で恐怖を感じていた。中国はどう変わっていくのか、それは日本にとってプラスかマイナスか、なかなか先が読み切れなかったからだ。

その小平がしばしば口にしたといわれるのが、「白猫でも黒猫でも、ネズミを取る猫はいい猫だ」である。出身地の四川省に古くから伝わる諺で、「見かけよりも実を取れ」ということだろう。

「改革・開放路線」も、まさにこの精神で進められたように思われる。**固定的な理念や方針にとらわれず、また国内資本か外国資本か、中国人か外国人かといった区別もせず、とにかく国を豊かにするものを取り入れようというわけだ。**

さらに大転換を印象づけたのは、小平が提唱した「先富論」だ。「豊かになれる者から豊かになれ、そして落伍者を助けよ」とするその方針は、毛沢東が唱えた平等主義とはまったく相容れない。

これほどの転換を本人に促したのは、ひたすら経済成長を続けていた日本の存在だといわれている。

権力を掌握して間もない一九七八年に来日した際、新幹線やトヨタ自動車の工場などを視察して驚愕したらしい。経済的な繁栄は絶対的に善だから、中国もあらゆる手段を尽くしてそれを目指すべき、というわけだ。毛沢東の平等主義に対し、小平は実利主義を推し進めたといえるだろう。

一方、政治的には「白猫でも黒猫でも」とならず、共産党による独裁体制の堅持にこだわった。それを内外に深く印象づけたのが、天安門事件（一九八九年）だ。国際社会から激しい非難を浴びた小平は、これを機に表向きは要職を退くことになる。

ただし、強力な国家権力が抱える強力な軍事力は見方を変えれば頼もしくも映るらしい。私の中国人の知り合いは、「共産党に対する思い入れは特にないが、強い軍隊を維持することで国が守られるというその一点において、現政権を支持している」と述べていた。

この点については、私たちも逆の意味で思い当たるフシがあろう。先の民主党政権への批判は今でも喧しいが、特に外交において頼りなかった。

とても国益を守れそうになかった、というのが正直な印象だ。もちろん一党独裁や言論統制は言語道断だが、もう少ししっかりした政府が欲しくなるのは当然だろう。

中国の「中興の祖」になり得る人物

それはともかく、少なくとも経済に関して、小平の目論見は見事に当たった。今や世界経済における中国経済のインパクトが大きいことは、論を俟たない。個人レベルで見ても、資産一〇〇〇万元（約一億六〇〇〇万円）以上の富裕層は一〇〇万人を超え、今後もさらに増え続けるといわれている。

二〇～三〇年前にはまったく想像できなかった光景だ。格差問題などさまざまな弊害も指摘され、「先富論」は破綻したともいわれている。とはいえ、以前の姿に戻りたいとは誰も思わないだろう。

振り返れば、およそ一〇〇年前の清朝末期は、列強諸国にほとんど植民地化されるほどボロボロの状態だった。まさに隔世の感がある。今日の国際的な地位と影響力を維持するためにも、中国は今後も小平が敷き直したレールの上を走ることになりそうだ。

その意味で、中国にとって小平は、一〇〇年先の歴史を動かした人物だったといえるかもしれない。

毛沢東は、戦争に勝利し、中国を守った点で、中国人にとって偉大なる英雄とされている。一方、小平は静かなるプロの政治家だ。

もし、将来の歴史家が中国史のキーパーソンの名を挙げるとすれば、小平は確実に入ってくるだろう。それも、「中国の中興の祖」として持ち上げるかもしれない。

「よい将軍であるためには、数学を知らねばならない。」

ナポレオン（革命期フランスの軍人、政治家）

リーダーは大義を語れ

エジプトのピラミッドといえば、その歴史的価値もさることながら、建設方法がしばしば話題にのぼる。工法には諸説あるようだが、作業員の多くは奴隷だったとするのが過去の定説だった。過酷な条件で、無理やり重い石を背負わされた、というイメージが強い。ところが近年、実は奴隷ではなくふつうの民衆が積極的に携わったのではないか、という説が浮上している。

もともとピラミッド建設は、死者の魂を甦らせる「聖なる事業」である。そこに参加することはたいへんな名誉であり、聖なる恩恵を受けられると民衆が考えたとしても不思議ではない。**そのモチベーションこそが、これだけの大事業の原動力になった、というわけだ。**

フランス革命後のナポレオンの快進撃を支えたのも、兵士たちの同様の心理だったのかもしれない。

一連の軍事行動は、ナポレオンの私的な支配欲によるものではなく、あくまでもフランス革命の「自由」「平等」「博愛」の精神を全ヨーロッパさらに全世界に広めることが目的だった。

そういう〝錦の御旗〟のような大きなコンセプトがあったからこそ、兵士もその使命感に燃えたのではないだろうか。

もちろん、そんな行軍の意図は指揮官が兵士に伝える必要がある。ただ「俺についてこい」「黙って戦え」と命令するだけでは、士気はさして上がらないだろう。

その点、ナポレオンは兵士に対し、以下のように呼びかけている。

「兵士たちよ！　諸君らはこれから世界の文明と商業のうえに計り知れぬ作用を及ぼすこ

とになる征服に乗り出すのだ」

（『ナポレオン自伝』アンドレ・マルロー編、小宮正弘訳、朝日新聞社）

要するに**「自分たちで世界の歴史を変えよう」**というわけだ。これは兵士をけしかけるための誇大表現ではなく、ナポレオンの明確な信念だったらしい。

ふつうの人間が世界史的な事業に関わることはまずない。たしかにこう鼓舞されれば、気分も高揚するに違いない。必然的に戦闘能力も高まるはずだ。

これは、私たちの労働観にも通じるものがある。

単にお金のために働いている人は少ないだろう。「聖なる仕事」や「世界史的な事業」どころか、日本史に関わることすら難しいにしても、自分の仕事に対しては何らかの価値観や使命感や大義があるはずだ。

あるいは、少なくともそういう仕事に携わりたいという願望はあるだろう。

「数字」ではなく「数学」に強くなれ

ナポレオンは、部下を鼓舞するだけのリーダーではなかった。本人の判断の背景には、緻密な〝計算〟があったらしい。例えば、以下のように述べている。

「よい将軍であるためには、数学を知らねばならない。それは多様な状況に応じて考えを修正するのに役立つ。おそらく私は、私の成功を数学的思考に負うている」

（『ナポレオン自伝』）

あらゆるリーダーにとって、データ等の数字を頭に入れておくことは必須だろう。しかしナポレオンの場合、数字ではなく数学が必要であると説く。**複雑な事象の中から最短距離で本質を取り出して解を導く力、といえるかもしれない。**

たしかに以前、数学者の藤原正彦さんと対談させていただいた際、「数学の問題は解ければいいというものではない。美しく解くことが肝心」とおっしゃっていた。

数学の「美しさ」とは、いかにシンプルにまとまるか、ということらしい。実際、数学や物理の公式は最終的にきわめてシンプルにまとまっていたりする。ニュートンの「$F=ma$」やアインシュタインの「$E=mc^2$」などはその典型だ。

本質を摑んでいる人ほど、ものごとをシンプルにまとめることができるということだろう。ナポレオンは、それを「数学的思考」と表現したわけだ。

その一つの成果が、民法典の『ナポレオン法典』の発布だろう。実は、法律的思考と数学的思考は似通っている。法律とは、できるだけシンプルな文言で、合理的にどうルール化するかという話だからだ。

例えばバスケットボールのルール設定にしても、必要なのは数学的思考だ。リングの高さ、直径、コートの広さ等々をどう規定するかで、作戦も点の入り方も変わってくる。あるいはボールを持った状態での歩数を三歩にするか一歩にするか五歩にするかによって、バスケットボールというスポーツ自体の様相が違ってくる。

もしこれらのルールが違っていたら、今日のＮＢＡの活況はなかったかもしれない。場合によっては、いつの間にか廃れて忘れ去られていたおそれもある。スリーポイントシュートのように、ルールを加え、面白さを増す工夫もしている。

本質を捉え、先を見てルールを設定する。ナポレオンは戦場や政治の舞台において、先々を見通す力に長けていた。それを支えていたのが数学的思考だったわけだ。

ちなみに以前、私は『ナポレオンで仕事上達』（角川ｏｎｅテーマ21）という本を上梓した。それを読まれたある経営者の方から、「自分の考えてきたことと完全に一致している」との感想を寄せていただいたことがある。

たしかに軍隊の指揮官と会社経営者とは、きわめて近い存在のように思える。勝つためには部下をその気にさせる必要があり、同時にデータ等を頭に入れた上で戦略を練らなければならない。「こうすればこうなる」という冷静で理詰めな思考力が求められよう。

しかも、両者ともに孤独であり、最終的な決断も責任も一人で背負うことになる。

その意味では、**組織を運営する立場になって初めて、ナポレオンの本当のすごさがわかるのかもしれない。**

最終的に、ナポレオンは島流しの憂き目に遭う。皇帝として独裁政権を築きあげたのち、その地位を追われたわけだ。

だがそれさえも、実は本人の功績だったように思える。独裁者の登場を許さないこと自体、ナポレオンが命をかけて広く伝道しようとしたフランス革命の精神そのものだからだ。いわば自らが島流しにされることによって、政治が民衆の力で動くことを証明したのである。

世界を変えるチャンスに賭けてみるかい。

スティーブ・ジョブズ（アップル創業者）

壮大なビジョンが人を惹きつける

およそ会社経営者への評価というものは、見る立場によって変わりやすい。恩恵を受けた者は称賛するし、冷遇された者は批判的になる。これは仕方のないところだ。

しかし、かのスティーブ・ジョブズほど毀誉褒貶の激しい経営者は、他にあまり例がないかもしれない。

「理不尽」「自分勝手」「どうしようもなく嫌な奴だった」といった声は少なからず聞く。こういう人間性レベルでの批判自体、経営者としては珍しいが、おそらく真実に近いのだろう。

一方で、きわめて魅力的な人物だったことも間違いない。

その魅力の一つは、いうまでもなく新しいものをイメージして具現化し、世界中の人々の日常を一変させたことだ。この一点だけでも、世界史に大きく名を刻まれることになるはずだ。

だがもう一点、見逃せないのが巧みな言葉遣いだ。例えば、アップルに返り咲いたジョブズが、経営者としてペプシコーラのトップだったジョン・スカリーを招いた際の口説き文句は有名だろう。

「『一生、砂糖水を売り続ける気かい？　それとも世界を変えるチャンスに賭けてみるかい？』このとき、スカリーは『お腹をズンと殴られたような気がした。首を縦にふる以外、道はなかった』という」

（『スティーブ・ジョブズ』ウォルター・アイザックソン著、井口耕二訳、講談社）

辛辣な表現だが、「たしかにそうだな」と思わせる説得力がある。**あまりにビジョンが**

大きいため、ついその気になってしまう、といったほうが正確かもしれない。

実際にアップルの挑戦が世界中の人々にとってプラスかマイナスかは不明ながら、こういうビジョンを提示できること自体が、ジョブズの傑出した才能といえるだろう。

周知のとおり、ジョブズは自ら製品の細部を設計したわけではない。ものづくりの現場で作業したわけでもない。

自らペンを執り、多くのキャラクターを生み出したウォルト・ディズニーとは、この点が大きく違う。

にもかかわらず、しばしばディズニーのように「すべてをつくった」と評される。それは、**優れたスタッフを集める能力と、彼らにビジョンを伝える能力に長けていたからだ。**

自身のイメージするものを、短期間で、しかも妥協せずにつくらせる。一方で、具体的な技術や方法については本人たちの判断に委ねる。スタッフは、そこにやりがいを感じていたのだろう。

しかも、彼らにかける言葉が洒落ている。「僕のためにトライしてくれないか」が〝決めゼリフ〟だったらしい。あるいは起業間もないころには、業界の巨人IBMに対抗すべく、「海軍に入るくらいなら、海賊になろう」と呼びかけたという。

ここでいう「海軍」とは、当然ながらIBMを指す（いずれも『スティーブ・ジョブズ　人を動かす神』竹内一正著、リュウ・ブックスアステ新書）。

世界的なベストセラーになった『学習する組織』（ピーター・M・センゲ著、枝廣淳子、小田理一郎、中小路佳代子訳、英治出版）によれば、強い組織の基本はビジョンを共有することだという。

ジョブズはそれを、ときには辛辣に、ときには豊かな比喩を駆使して実践したわけだ。

「あらかじめ点と点をつなぎあわせることはできない」

ジョブズの残した言葉といえば、とりわけ有名なのが二〇〇五年のスタンフォード大学の卒業式における演説だろう。

わずか一五分程度ながら、「自分の人生を生きよ」「ステイ・ハングリー、ステイ・フーリッシュ」といった言葉は、おそらく世界中で翻訳され、若者を中心に世界の無数の人々に感銘を与えたと思われる。

中でも印象的だったのは、彼の人生を振り返ったエピソードだ。

学費の高い大学を退学したあと、ジョブズは、興味のおもむくままコンピュータとは無縁そうなカリグラフィー（手書き文字の技法）について学んだことがあった。その一〇年後、最初のマッキントッシュを開発していたとき、思いもかけず、そのカリグラフィーの知識が役に立つことになった。

これにより、今日のパソコンは美しいフォントを表現できるようになったのだという。

そんな話をした後で、ジョブズは以下のように述べている。


「将来をあらかじめ見据えて、点と点をつなぎあわせることなどできません。できるのは、後からつなぎ合わせることだけです。だから、我々はいまやっていることがいずれ人生のどこかでつながって実を結ぶだろうと信じるしかない。運命、カルマ…、何にせよ我々は何かを信じないとやっていけないのです。私はこのやり方で後悔したことはありません。むしろ、今になって大きな差をもたらしてくれたと思います」

（日本経済新聞電子版二〇一一年一〇月九日付）


特に学生たちにとって、この言葉はたいへん心強く響いたはずだ。

彼らの中には、例えば文学や歴史など、就職に直接的には結びつきそうもない分野を学んでいる者もいる。

「これが将来の役に立つのか」「もっと実学的なものを学んだほうがいいのではないか」と悩む者も少なくない。

しかし、**それぞれがいつかつながる「点」だと思えれば、そんな不安も一掃される。いずれ、より豊かな「線」を期待できそうな気がしてくる。**まさに世界を変えたジョブズの言葉だけに、説得力は抜群だ。

この演説はすでに本になりCDにもなっているが、いつまでも世界中の若者を鼓舞し続け、歴史に残る名演説として語り継がれることになるだろう。

最も適応したものが生き残る。

チャールズ・ダーウィン（自然科学者）

ゴキブリの生命力

『テラフォーマーズ』（作・貴家悠、画・橘賢一、集英社）という、たいへん話題のマンガ作品がある。

人間が環境調査のために火星に送り込んだゴキブリが、かの地で大増殖かつ人間大に巨大化。それに対し、昆虫戦士に改造された人間が駆除に向かうという斬新なSFだ。

この作品がおもしろいのは、人間のゴキブリに対する異様な憎悪を巧みに突いている点だ。たしかに、ゴキブリはしぶとい。一匹単位でも手こずるが、超長期的な環境適応能力も尋常ではない。

かつて地球に隕石が衝突し、全盛を誇っていた恐竜が絶滅したときも、ゴキブリは生き残った。あるいは昨今、毎年のように強力な殺虫剤が開発されるものの、一向に絶滅する気配はない。

彼らの中には殺虫成分を学習し、いつの間にか耐性を身につけてしまう者が現れるらしい。その遺伝子が次世代に受け継がれ、より強いものの子孫が生き残って繁栄していくわけだ。

一方、その遺伝子を持たない者は、生存競争に敗れて絶滅することになる。

こういう生物の環境適応能力について、「自然淘汰」という概念で説明したのがチャールズ・ダーウィンだ。

有名な『種の起源』（渡辺政隆訳、光文社古典新訳文庫）には、以下の記述がある。

「地表に生息する無数の生物は、新しい構造を獲得することで互いに闘争し合い、最も適応したものが生き残る。それを可能とする構造上の重要な変更が生じるのは、個体にとって有益な差異を着実に蓄積する自然淘汰の作用なのである」

つまり、環境に適応したものだけが生き残り、適応できないものは消えていくという論理である。たしかにそのとおりで、おそらく例外はないだろう。

この本が「生物進化論」を世に広く知らしめ、その後の生物学の源流となったことは周知のとおりである。

「守り」に入ると弱くなる

適応能力とその遺伝が重要なのは、生物界ばかりではない。会社組織においても、経営者の代替わりとともに衰退してしまうことはよくある。

初代の起業家がゴキブリのような生命力とスピードで会社を大きくしても、二代目、三代目が同様の成長軌道に乗せられるとはかぎらない。次世代が野性味を失えば、すっかり生命力が感じられなくなっていたりする。

おそらくそれは、世代が進むことによって教育が上品になることに一因がある。いくら優秀といわれる大学に進んでも、ゴキブリのような生命力は鍛えられない。もちろん、大学で知性を得ることは、その後の人生にとってたいへんな武器になる。

しかし、環境に常に適応していくようなタフさは身につかないのである。豊かな環境で大切に育てられた結果、かえって弱くなるおそれもある。

その意味では、もし将来的に跡を継ぐことが確約されているのなら、大学教育とは別に修行を積む場があってもいいかもしれない。

これは、企業の問題に止まらない。**ここ二〇年間、日本全体の適応能力が低下しているのではないだろうか。**

それは技術や能力の問題というより、そもそも変化を恐れるメンタリティになっている気がしてならない。

振り返ってみれば、日本は明治維新以降、文明開化、日清・日露戦争、太平洋戦争、戦後の高度成長と、常に大きな変化にさらされてきた。その変化に曲がりなりにも適応してきたからこそ、八〇年代には「ジャパン・アズ・ナンバーワン」と呼ばれるようになった。ところがそのとたん、「もう変える必要はない」とばかりに守りに入るようになった感がある。日本の経済や会社が弱くなったのは、それからだ。

スポーツでも、追加点を狙うより安全策をとってリードを守ろうとすると、次の瞬間に点を取られるのがパターンだ。

サッカーで後半のロスタイムに同点にされたり、逆転されたりといった光景をよく見るのは、その典型だろう。「守らなければ」というプレッシャーで、身体が動かなくなるのである。

ひとたびリードしたとき、なお攻めの姿勢をいかにキープするか。これは企業にとっても、日本経済全体にとっても大きな課題だろう。それが、環境に適応するということでもある。

この点について、見習うべきは韓国だ。およそ一〇年前に韓国を訪れたとき、私は現地の人から「今は国全体が苦しい」という話をさんざん聞かされた。調子のいい企業といえばサムスンとLGぐらいで、もう両社に期待するしかないとのことだった。

そして現在、韓国経済の成長は鈍化しているが、少なくとも両社の成長は誰の目にも明らかだろう。

理由ははっきりしている。多くの識者が指摘するとおり、もともと国内マーケットが小さいため、海外に活路を求めるしかなかった。そこで海外のニーズをいち早く摑み、それぞれのマーケットに合った製品を送り込んだ。つまりは、積極的に海外マーケットへの適応を図ったわけだ。

昨今、韓国や韓国企業にいい印象を持たない日本人は少なくない。しかし、あの〝攻め〟の姿勢が奏功していたことは、素直に認めるしかない。そのサムスンやLGも一〇年後にどうなっているかはわからない。私たちは潮の流れの速い世界に生きている。その分、適応力を身につける必要がある。

「最も適応したものが生き残る」というダーウィンの指摘を、私たちはあらためて嚙みしめる必要があろう。

「世の中は行為によって成り立ち、人々は行為によって成り立つ。」

釈迦（仏教の開祖）

「悟り」という新たな価値を示す

世界史に宗教戦争の事例はいくつもあるが、その中にあって、比較的平和な宗教が仏教だ。古くから仏教が浸透している日本はその恩恵を少なからず受けているのかもしれない。

仏教の始祖である釈迦は、二九歳で出家し、三五歳のときに菩提樹の下で「アナパーナ・サチ」と呼ばれる、息を長く緩く吐く呼吸法を実践し、悟りを開いたと言われている。

その後、悟りに至る修行法について各所で説くことになるが、それを聞いた人々が後にまとめたものが「仏典」だ。

では釈迦は、実際にどんな話をしたのか。

『ブッダのことば——スッタニパータ』（中村元訳、岩波文庫）には、例えば以下のような言葉が記されている。釈迦のもとを訪ねてきたサビヤという行者が、「ブッダとは？」との質問を投げかけたときの話だ。

「あらゆる宇宙時期と輪廻と（生ある者の）生と死とを二つながら思惟弁別して、塵を離れ、汚れなく、清らかで、生を滅ぼしつくすに至った人、——かれを〈目覚めた人〉（ブッダ）という」

ここで述べているのは、「ブッダ」の定義だ。

生きているかぎり、この世界ではさまざまなことが起こるが、そういうものから離れ、悟りに完全に目覚め、静かな気持ちで外側から世界を見つめられるような人間がブッダである、というわけである。

ここで釈迦が定義しているのは、「ブッダ」だけではない。サビヤに問われるままに、「修行僧」「温和な人」「賢者」「聖者」「育ちの良い人」「学識のある人」などについても定義している。

実はサビヤは、釈迦のもとを訪れる前にも複数の教祖と呼ばれる人を訪ね歩き、同様の質問をしていた。

ところが、誰一人として納得できる回答をした者はいなかった。すっかり絶望して修行の道を捨てようかと思った矢先、釈迦に出会ったのである。その明快な回答に感激したサビヤは、あらためて修行の道を邁進することになる。

何かをきちんと定義するということは、リーダーにとって不可欠の要素だろう。俗世に生きる私たちにとっても、同様だ。

曖昧な指示を出したり、評価基準を明確にしなかったりするから、不信や混乱が生まれる。定義はそれらを防ぐばかりではなく、いかにものごとをわかっているかというアピールにもなるはずだ。

現代人こそ「悟り」を求めよ

そしてもう一つ、先の「ブッダ」の定義には重要な示唆がある。私たちが目指しているブッダは**けっして遠い存在ではなく、誰でもたどり着けるものである**、と説いているのである。

「悟り」というと、いささか神秘的な匂いもするため、抵抗を感じる人が少なくないだろう。だが釈迦の教えはクリアで、「悟りを求めよ」「私はこうやって目覚めた」と述べているだけだ。あくまでも実践主義な点が、釈迦の魅力である。

こういう姿勢は一貫している。例えば、一般的には出身階級を示す「バラモン」について、以下のように言及している。

「生れによって〈バラモン〉となるのではない。生れによって〈バラモンならざる者〉となるのでもない。行為によって〈バラモン〉なのである。行為によって〈バラモンならざる者〉なのである」

「世の中は行為によって成り立ち、人々は行為によって成り立つ」（いずれも同書）

これは『論語』の「子の曰わく、仁遠からんや。我れ仁を欲すれば、斯に仁至る」（述而第七）に通じるものがある。

出自にかかわりなく、人は何を求め、何を行うかで決まる、というわけだ。まさに今日にも通用するメッセージだろう。まして人の上に立つ人なら、こういう見識は重要だ。

さらにいえば、私は日本人ももう少し「悟り」を求めたほうがいいと思っている。宗教的な意味ではなく、精神を整えて冷静になる手段として有効だからだ。

例えば日常で追い込まれたとき、悩み続けた挙げ句にふっと目覚めたような感覚になることがある。

「目覚めた人」を「ブッダ」と称するなら、その瞬間を捉えて「自分は今、ブッダだった」と思ってもいいはずである。

それをまずリーダーが実践したら、周囲も「自分にもできるかな」と思いはじめるだろう。そのチームは、どんな事態にも冷静に対処できるはずである。

秘すれば花なり、秘せずば花なるべからずなり。

世阿弥（能の大成者）

先代のワザを次代に伝える

いかにも日本らしい伝統芸能といえば、能だろう。日本文化の結晶として、世界に誇れる演劇様式だ。

もともとは「猿楽」と呼ばれる芸能で、その発祥は遠く平安時代ともいわれている。それが今日まで受け継がれたのは、室町時代に現れた観阿弥・世阿弥親子の功績が大きい。

その最大のポイントは、一族を背負って生き長らえる使命を負っていたことだ。

そのためには、まず時の将軍の庇護を受ける必要があった。つまり、相応の気品の高さや儀式性が求められたわけだ。同時に、演劇としての娯楽性や目新しさも追求しなければならなかった。ライバルの〝劇団〟も多かったから、人気が落ちればたちまち没落する。

つまり、この両立を図りつつ過酷な競争社会を生き抜いたわけだ。

実際、世阿弥のつくった能の曲は、世界的に見てもきわめてレベルが高い。しかもすごいのは、それが長い時間を経て今日まで受け継がれていることだ。観世宗家を筆頭に、複数の家柄によって支えられているのである。

それは、芸術として優れていたからだけではない。**他ならぬ世阿弥自身が、後世の一族に伝えることを強烈に意識していた。**その根幹に位置づけられるのが、世阿弥の書『風姿花伝』だ。

もともとこれは「秘伝の書」とされ、一族の者しか読むことが許されていなかった。広く一般に存在が知られるようになったのは、明治末期になってからだ。中身は能の理論書であり、芸術論であり、ライバルに勝つための戦術書でもある。

世阿弥自身の言葉ももちろん含まれているだろうが、主眼は父親の観阿弥の教えをまとめることにあったらしい。つまり観阿弥の思いや経験値、あらゆる細かい工夫を世阿弥が受け継ぎ、それをまた一族に引き継がせようとしたわけだ。

例えば、一族の稽古不足や芸の乱れに触れ、観阿弥の教えを忘れていると嘆き、以下のように言及している部分がある。

「しかれば、道を嗜み芸を重んずるところ、私なくば、などかその得を得ざらん。ことさら、この芸、その風を続ぐといへども、自力より出づるふるまひあれば、語にもおよびがたし。その風を得て、心より心に伝はる花なれば、風姿花伝と名附く」

（『花伝書（風姿花伝）』川瀬一馬校注・現代語訳、講談社文庫）

私心なく真剣に稽古に取り組めば、かならず得られるものがある。ただし芸を受け継ぐといっても、個々人の身体ならではの動きもあり、言葉だけでは伝えきれない。そこで身体から身体へ、心から心へ花を移すように学べと説く。だから「風姿花伝」と名付けたというわけだ。

「不器量の者には伝ふべからず」

また終盤には、「この条々こころざしの芸人よりほかは一見をも許すべからず」との文言も登場する。ここまでの記述は、本気で志を立てている芸人以外に絶対に見せてはいけない、と強調しているのである。
つまり、これは「奥義」であるということだ。いつでもどこでもネットにアクセスできる昨今とは、情報の価値が違うのである。
さらに興味深いのは、同書の末尾にある「別紙口伝」だ。「秘すれば花なり、秘せずば花なるべからずなり」など、芸を花になぞらえた〝秘伝〟について重厚に述べている。そして末尾には、あらためて以下の言葉を記している。

「一、この別紙の口伝・当芸において、家の大事、一代一人の相伝なり。たとへ一子たりといふとも、不器量の者には伝ふべからず。『家家にあらず、続くをもて家とす。人人にあらず、知るをもて人とす』といへり。これ、万徳了達の妙花をきはむるところなるべし」

（同書）

いかに〝秘伝〟を大事にしていたか、家の継続を重視していたか、窺い知ることができるだろう。

こういう厳しい教えがあったからこそ、六〇〇年の時を経てなお、形だけではなく精神まで引き継がれてきたわけだ。

およそリーダーというものは、自分の代だけ調子がよければいい、というスタンスではいけない。**先代から受け継いだ経験値や精神を、責任を持って次代につなげていくことも重要な仕事である。**いわば、一本の松明をリレーするようなイメージだ。

そこで必要になるのが、言葉の力だ。世阿弥でいえば、その身体が発する芸は死とともに消える。

しかし、発した言葉や、書き記したものは残る。それも上辺だけのマニュアルではなく、血の通った精神として受け継がれる。

多くのリーダーも、こうしたことをもっと自覚する必要があるだろう。〝秘伝〟になるかどうかは別として、次世代に何を残し、何を伝えるか、言葉として記してみたほうがいいかもしれない。

第2章

「力強い言葉」は身体性から

「明日、死ぬかのように生きなさい。永遠に生きるかのように学びなさい。」

マハトマ・ガンディー（インドの独立運動家）

伝統的な衣装をまとい、放たれる言葉

マハトマ・ガンディーの名を世界に轟かせたのは、一九三〇年の「塩の行進」だった。

当時、インドの宗主国だったイギリスは、インド国内で塩を専売して高い税金をかけていた。塩は生活必需品だから、これは国民生活を圧迫していた。

それに対し、独立を目指す「インド国民会議」の一員だったガンディーは、仲間とともに抗議のために国内を練り歩く。

これが「塩の行進」だ。

一種の壮大なパフォーマンスだったが、その姿は国内から多くの支持者を集めるとともに、世界にも報道された。

おかげで、いかに自分たちがイギリス政府によって虐げられているかを訴えることができたのである。

同時に、暴力に訴えなくても民衆の力で抗議はできる、ということを世界に知らしめることにもなった。これがいわゆる「非暴力・不服従運動」の典型で、インド国内のみならず、周辺の植民地やヨーロッパの宗主国、後のキング牧師による公民権運動にまで影響を及ぼすことになる。

ガンディーの思想の根底にあるのは、自分たちのアイデンティティや文化を取り戻すことだ。もともとはイギリスへの留学経験もある弁護士だったが、差別を目の当たりにするにつれ、独立運動に傾倒していく。

糸車を回す姿を捉えた有名な写真もその一環だ。弁護士時代はふつうにスーツを着ていたが、**あえて伝統的な衣装に身を包み、インドの伝統的産業に従事している姿を見せることで、国内外にアイデンティティの回復を訴えたわけだ。**

そういう人物だから、発言にも含蓄がある。例えば「明日、死ぬかのように生きなさい。

永遠に生きるかのように学びなさい」は有名だ。

「学ぶ」ということを中心にして人生を構築すれば、この世に対する恐れがなくなるし、生きる意味も見つかる、というメッセージである。

そしてもう一つ、きわめて興味深いのが、英語教育への反発だ。当時のインド国内では、英語を覚えたインド人が、いわばイギリスの手先となって同じインド人を抑圧し、搾取していた。

その状況に対し、ガンディーは著書『真の独立への道』（田中敏雄訳、岩波文庫）の中で、「何千万何億の人々に英語教育をすることは、隷属状態に陥れるようなものです。（略）私たちが他人のことばで自治を語っているとは、なんという貧困でしょうか！」と指摘した上で、以下のように述べている。

「英語を学んだ人の子供には、まず最初に道徳を教え、母語を教え、インドのもう一つの言語を教えなければなりません。子供が成長したら、英語教育を受けてもかまいません。それもただ英語を除くためにです。英語でお金を稼ぐためではありません。このようにしながら、英語でなにを学ばなければならないか、なにを学んではいけないかを私たちは考えなければなりません」

つまり、英語帝国主義の今だからこそ、自分たちはアイデンティティを取り戻すために母国語を話さなければならないというわけだ。

「英語帝国主義」に抗う

これは植民地時代のインドだけではなく、今日の日本にも当てはまるだろう。子どものうちから英語を学ばせるべきという風潮は、かなり根強い。それはひとえに、「英語ができればお金になる」というイメージが強いからだ。

例えば数学者の藤原正彦さんは、『週刊新潮』（二〇一三年七月一一日号）の連載「管見妄語」で「英語帝国主義」について指摘している。さまざまな機関から発表される大学の世界ランキングは、ほとんどが英米の大学で独占されている。ドイツやフランスの大学も少ない。

だがそれは、英米以外の大学の学問水準が劣っているためではない。評価の基準が外国人教官数や留学生数、それに論文引用数などだからだ。

これでは、必然的に世界の公用語とされる英語圏が圧倒的に有利になるはずである。日本語で書かれた論文を、外国人が引用することはまずあり得ないだろう。しかし、こういう不公平なランキングでも、発表されれば「英米の大学は優秀」というイメージが先行する。そして世界中から優秀な学生が集まり、真に優秀な大学になっていく。

それは学問のみならず、科学技術や産業経済での優位性を確保することにもつながる。さらには英語の世界語化がますます進展し、英語を母国語とする人の発言力が増す。藤原さんによれば、「市場原理主義は米英経済の世界標準化を狙うものだが、米英による世界のトップ大学占有は米英文化の世界標準化を狙うものなのだ」という。

たしかに、英語ができれば便利な場合もある。しかしそれは、日本語をおろそかにしていいという話ではない。自分たちの伝統文化はきちんと守る必要がある。この部分を履き違えるべきではない。

二〇世紀は、世界的にそういう意識が高まった時代でもあった。国際会議において、それぞれ通訳を随伴することが義務づけられたのもそのためだ。

平たくいえば、日本の首相が国際会議の場で英語の演説をするのはよろしくない、という発想である。

第二次世界大戦を経て植民地が続々と独立を果たしたとき、それがどれほど小さな国でも、国際会議の場で発言できるようにしようとの気運が高まった。それには、母国語で話せる環境を整えることがいちばん、というわけだ。そういう場で母国語を控えて英語で発言することは、むしろその理念に反することになる。

そういう経緯を忘れたかのように、「英語帝国主義」に乗せられて、不安に駆られ、英語劣等感を増幅させるのは、いささか時代錯誤といわざるを得ない。

私たちは、あらためてガンディーのメッセージを噛みしめる必要がありそうだ。

「私には夢がある。————。」

キング牧師

（米国の黒人解放運動指導者、ノーベル平和賞受賞者）

声に説得力が宿る

教職課程の英語の授業で、私はしばしば学生に「授業プランを各自考えてくるように」という課題を出す。そうすると、たいてい一人は考えてくるのが、"I have a dream."と生徒に言わせ、その後に英文でそれぞれ夢を語ってもらうというものだ。

言うまでもなく、マーティン・ルーサー・キング・ジュニア牧師が一九六三年にワシントンのリンカーン記念館の前で行った演説を踏まえた演出である。おそらくこれは、人類史上で一〇本の指に入る名演説だろう。

その要因は、内容の平易さ、明るさもさることながら、修辞を凝らした文章表現にもある。とりわけこの演説を象徴する“I have a dream.”については、後半に八度、それもたたみかけるように登場する。

「われわれは今日も明日も困難に直面するが、それでも私には夢がある。それは、アメリカの夢に深く根ざした夢である」

に始まり、

「私には夢がある。それは、いつの日か、ジョージア州の赤土の丘で、かつての奴隷の息子たちとかつての奴隷所有者の息子たちが、兄弟として同じテーブルにつくという夢である」

「私には夢がある。それは、いつの日か、不正と抑圧の炎熱で焼けつかんばかりのミシシッピ州でさえ、自由と正義のオアシスに変身するという夢である」

（アメリカンセンターＪＡＰＡＮ ＨＰ）

といった具合だ。つまり、八つの夢を立て続けに語るのである。

これは聞き心地がいいし、自分も"I have a dream."について何か考えてみたくなる。そんな楽しみを与えてくれたという意味でも、この演説は幅広く支持を集めているのだろう。

言い換えるなら、**重要なのは"I have a dream."ではなく、その後に続く文言ということになる。**

どういう夢を持つかによって、その人の生きざまや思想信条が問われるわけだ。

キング牧師の場合、「夢」の原点はガンディーにある。

たまたまある大学の講演会でガンディーの「非暴力・不服従」の思想について深く知り、興味を持って勉強をしていくうちに、「アメリカでも同じやり方が通用するのではないか」との着想を得るに至る。そこから、公民権運動のリーダーとして、理念や戦い方を固めていくのである。

例えば当時のバスは、白人と黒人の座る席が明確に区別されていた。それに対し、例えばバス会社に怒鳴り込むとか暴動を起こすといった抵抗の仕方もあったはずだ。

だがキング牧師が選択したのは、乗車をボイコットすること。それも一人や二人の運動なら無力だが、黒人側が一団となって乗らないとなると、バス会社の経営に響く。こういう静かな戦い方が、キング牧師を中心として大きく広がっていったのである。

これは戦略だけの問題ではない。絶対的な信念を持って行動する人には、周囲の人も賛同・共感しやすい。その典型例がキング牧師だったといえるだろう。

身体性を伴うメッセージ

実はもう一つ、キング牧師には強力な〝武器〟があった。**声自体にたいへんな迫力と説得力があるということだ。**

およそ名演説と呼ばれるものは、言葉の中身だけではなく、どのように語ったのかも大きなポイントになる。それも美声とか響きがいいといったレベルではなく、当人の身体性に裏打ちされて初めて生きた言葉になるのである。

私たちのレベルでいえば、人に大事なことを伝えようと思うとき、まず身体性をつくる必要があるということだ。

それには話の中身に確信や信念を持つことは当然として、意外に見落としやすいのが環境を整えることだ。

例えば、昨今は山歩きがちょっとしたブームだという。山の連なりを一望できるような場所に出れば、「ヤッホー!」と言うかどうかは別として、大きな声の一つも発してみたくなるはずだ。

それは、意識をはるか彼方に放ってみたいと思うような、気分のいい身体性がセットされているということである。薄暗い小部屋で「ヤッホー!」と言えるかといえば、とてもそんな気にはなれないだろう。むしろ「出してくれ!」のような別の言葉を叫びたくなるはずだ。

コミュニケーションにおいて環境を整えることは、難しいかもしれない。会議室、職場の机、あるいは飲み屋など、あらかじめ決まっている場合が多い。

ならば、その場をイメージして事前にシミュレーションすればいい。身振り手振りを交えて練習しておけば、いざ本番でも動じることは少なくなる。話の中身にもよるが、自ずと声に力がこもるはずである。

Don't think, feel!

ブルース・リー（武術家、俳優）

"頭でっかち"では勝てない

私が子どものころ、ブルース・リーは間違いなくヒーローの一人だった。「ドラゴン」シリーズの映画は何度見たか知れない。体育の授業で走り高跳びがあれば、ほぼ全員が「アチョー！」と叫びながら空中蹴りの恰好で跳ぶのが常だった。あるいはヌンチャクもどきを自作して振り回した覚えもある。

そんなブルース・リーが『燃えよドラゴン』の冒頭で、カンフーを修行中の少年に対して諭すように語るセリフが、"Don't think, feel！"だ。

私は武道の経験もあるが、たしかにその世界において、「考えるな、感じろ」という感覚はきわめて重要だ。**考えていると、反応が遅くなる。それでは勝てないのである。**

多くのスポーツも同様だろう。私の感覚でいえば、卓球でもテニスでも、頭で考えた瞬間に腕の振りが鈍くなる。だから、あえて考える余裕を自分に与えないようなプレースタイルを工夫したこともあるほどだ。

実はこの感覚は、スポーツのみならず日常生活や仕事でも重要ではないだろうか。考えると反応が鈍くなるだけではなく、判断を誤ることすらある。小さな利害にとらわれて、大きなリスクを背負ってしまう、といった類だ。

私自身、専門の「身体論」を研究するプロセスで、日常において感覚を研ぎ澄ます訓練の必要性を感じていた。まして今の時代は情報が多い分、感性がなおざりにされる傾向がある。〝頭でっかち〟になりすぎて、いわば動物的な危機察知能力が働かないわけだ。

これは、結婚で考えてみればわかりやすい。

例えば年収や学歴や資格などのポイントを列挙し、プラスマイナスを比較検討して合理的に相手を選んだとしよう。だが、それだけではうまく行かないことは、火を見るより明らかだ。

感覚的に合うか否かが何より重要であることは、成功者・失敗者のいずれもが痛感していることだろう。

あるいは、いわゆる「振り込め詐欺」の被害者に関する調査によると、半数以上の人は最初の段階で「何かおかしい」と気づいたらしい。

ところが、もっともらしい事情を聞いているうちに騙されてしまう。「たられば」の話ではあるが、もし最初の感覚をもう少し重視していたら、被害を未然に防げるケースが増えていたかもしれない。

まして仕事となると、一般には"think"を重視しがちだ。しかし、理詰めで一つの判断を下した結果、とんでもなくピント外れだったり、時間がかかってタイミングを逃してしまったりすることはよくある。

長年の経験による勘を頼りに判断したほうが、案外正しかったりするものだ。**"Don't think" とまではいえないが、"feel" ももっと重視すべきだろう。**それは、いわば"身体の知性"である感性を磨くということでもある。

あえて判断の時間を短くしてみる

では、どうすれば感性は磨かれるのか。その方法の一つは、**何でもあえて時間制限を設け、余裕のない中で判断する訓練を繰り返すことだ。**

「雀鬼」と呼ばれるプロ雀士の桜井章一さんの著書『決断なんて「1秒」あればいい』(ソフトバンク文庫)によると、初心者に麻雀を教える際、捨て牌の判断は一秒でするよう指導されているそうである。

初心者にとって、これはかなりハードルが高いはずだ。じっくり考えてさえ、何を切ればいいか迷うのが常である。「一秒」では考える余裕もない。

しかし、実はそれがミソらしい。考えずに切る以上、直感に頼るしかない。その訓練を繰り返すことで、直感力が磨かれるのだという。

これは麻雀にかぎった話ではないだろう。

ビジネスの世界でも、熟慮する余裕を持てない忙しい人ほど、的確な判断を下したりする。日々追い詰められることに慣れた結果、感性が磨かれたためだ。パッと見聞きした瞬間に、「これはダメ」「これは行ける」と直感的にわかるのである。

逆にいえば、こういうワイルドな感覚がなければ、ビジネスでの成功は難しいということだ。

実際、ある程度の経験のある人なら、誰でもこういう感覚は持っているのではないだろうか。ところが、その後で余計に考えすぎて、感覚による判断を消してしまったりする。それが後の後悔につながるのである。

そこで、時間制限が効力を発揮する。あえて直感を重視するよう訓練するわけだ。

例えば書店に行ったとき、実際に買うかどうかは別として、「一分以内に、目の前の棚から買うべき本を三冊選ぶ」というミッションを自らに課してみていただきたい。カバーやタイトルをざっと見てあたりをつけ、目星をつけた本をパラパラめくって判断する。

かなりワイルドな選び方だが、これを習慣のように繰り返すと、直感的な選択眼が養われるはずだ。実際買わなくても、いいトレーニングになる。

あるいはもっと仕事に即して鍛えるなら、**例えば会議の時間を五分なり一〇分なりと先に決めてしまう手もある。**

ストップウォッチを用意して、「この時間内で結論を出そう」と宣言すれば、参加者の脳は軒並みフル回転する。自ずと末節の議論は避けられ、理屈の説明も省かれ、核心部分だけが取り上げられるはずだ。

「何が重要なのか」について瞬時に全員が共有しなければならないわけで、やはり直感がモノを言うのである。

こういう設定は上司の役割だろう。あえて部下を追い込み、感性を鍛えるような上司は、これからの時代にますます求められるはずだ。

もちろん、決めゼリフは"Don't think, feel !"でいい。

「人はよく方針々々といふが、方針を定めてどうするのだ。」

勝海舟（幕末・明治期の政治家）

動乱期を生き抜いた「胆力」

欧米列強に対抗し独立を保つには西洋のように海軍を整える必要がある。その海軍の技術は外国にある。だから外国と仲よくして技術を学ばなければならない。

周知のとおり、これが幕末の勝海舟の基本的な考え方だった。今から見れば当たり前の筋道だが、「尊皇攘夷」が叫ばれていた当時としてはたいへんな炯眼である。

しかも、その話にすっかり感化された坂本龍馬が薩摩と長州を結びつけ、やがて両藩が幕府を倒すことになる。

その意味では、勝は幕府の官僚でありながら、結果的に倒幕のきっかけをつくったともいえるだろう。

だがそれも、日本が侵略されないよう、より強い国につくり変えるための戦略だったと考えれば理解できる。

一方では、徳川家と江戸の町を守るために西郷隆盛と交渉し、江戸城の無血開城をなし遂げた。

炯眼とともに相当の胆力と実行力の持ち主でもあったわけだ。

これだけの人物を、さすがに明治新政府も放ってはおかない。勝は新政府の要請を受け、「外務大丞」を皮切りに「兵部大丞」「海軍卿」「元老院議官」「枢密顧問官」などの役職を歴任することになる。

だが、そんな勝の姿勢を批判したのが福沢諭吉だ。「瘦我慢の説」を記し、幕府の人間なら、最後まで幕府の存続に尽力するのが武士の「瘦我慢」というものであると説く。降伏と開城を申し出るのみならず、少し前まで敵だった新政府の役職に就くなど言語道断、というわけだ。

それに対し、勝は「福沢は学者だからネ。おれなどの通る道と道が違ふよ」（『氷川清話』

江藤淳・松浦玲編、講談社学術文庫）と一蹴している。

勝の考え方は、以下の言葉からも読み取ることができるだろう。

「人はよく方針々々といふが、方針を定めてどうするのだ。およそ天下の事は、あらかじめ測り知ることの出来ないものだ。（略）おのれに執一の定見を懐き、これをもつて天下を律せんとするのは、決して王道の道ではない。（略）マー世間の方針々々といふ先生たちを見なさい。事が一たび予定の方針通りに行かないと、周章狼狽して、そのざまは見られたものではないヨ」（同書）

幕府か新政府か、などということにこだわっている場合ではない。天下の状況は刻々と変化するから、その風を見て方針も変えることが重要、というわけだ。

幕末・維新の動乱期を生き抜いた人物の言葉だけに、説得力がある。

漁師的ＤＮＡを呼び覚ませ

これは、今日の私たちにも通用する話だろう。特に仕事の場合、最初に何らかの方針や目標を立てることはよくあるが、そのとおりになることはまずない。常に変化するマーケットが相手だから、諸般の事情で軌道修正を迫られたり、想定外の事態に直面してゼロから見直したりすることもある。

そこで問われるのは、**臨機応変に対応する柔軟性**だろう。状況を見て、そのときどきに最善の判断を下していくわけだ。

むしろ恐ろしいのは、方針を立てただけで仕事をした気になってしまうこと、あるいは「初志貫徹」とばかり、何があっても動じずに方針を見直そうとしないことだ。

「ブレない」といえば聞こえはいいが、それではピントのズレた対応しかできず、傷口をどんどん広げていくことになりかねない。いわゆる〝お役所仕事〟は、その典型だろう。

それも個人レベルに止まらず、上司や会社の方針に部下をやみくもに従わせるとなると、ますますタチが悪い。部下は思考停止に陥るだけだし、上司には部下からの現場情報が寄せられなくなる。

その意味では、上司こそ率先して「方針を定めてどうするのだ」と部下に言い聞かせる必要があろう。

見方を変えれば、**そもそも方針とは、弱さや甘さを隠すための方便として使われている**

感がある。将来を見通せず、なかなか決断できないからこそ、最初にとにかく柱を立てて寄りかかり続けるわけだ。

もちろん、最初に何らかの方針がなければあらゆる事業は進まないが、それを聖域にしてはいけない。勝のべらんめえ口調から、私たちはその点を肝に銘じる必要があるだろう。

それはいわば、**「漁師的なＤＮＡ」を呼び覚ます**ということでもある。一般的に、「日本人は農耕民族」とよくいわれる。収穫量を見込み、計画的に種を蒔き、勤勉に働くことを得意としてきた。天候で左右されることもあったが、基本的にはこれで生活の基盤を確立してきたわけだ。

一方、日本の海岸線には古くから漁村があった。つまりは「漁猟民族」でもあったわけだ。ただ漁師の仕事は海が相手だから、農耕のように計画的には行かない。

仮に「今日は何匹獲る」と方針を決めたとしても、無意味だろう。海の状況に応じて、ベストを尽くすしかない。そのマインドは、農民とはまったく違うはずだ。

以前、全国各地で落語会を開いている落語家さんにお話を伺ったところ、だいたい農村より漁村の笑い声のほうが大きいとのことだった。

これはあくまでも仮説だが、ある意味で日々を命懸けで生きている漁師は、「笑えるうちに笑っておこう」という意識が強いのかもしれない。あるいは日々がチャレンジの繰り返しだから、常に心を明るく保つ習慣ができているのかもしれない。

いずれにせよ、農民とは違う意味のメンタルの強さがあることはたしかだろう。だが現在、そんな漁師的ＤＮＡが全般的に薄れつつある気がしてならない。特に昨今は内外の状況がスピードをともなって激しく変化している。

それに応じて次々と策を繰り出したり、早々に撤退して次の機会を狙うようなタフさが必要だろう。少なくとも、現実とズレた「方針」にこだわっている場合ではないはずだ。

「人間五十年、化天の内をくらぶれば、夢幻のごとくなり。」

織田信長（武将、戦国大名）

日本人らしからぬワイルドな知性

「好きな歴史上の人物は？」というアンケート調査をすると、かならず上位にくるのが織田信長だ。その戦国武将としての輝かしい実績もさることながら、〝風雲児〟としてやりたいことをやったような生き方に魅力を感じるためだろう。

尾張の小国からスタートし、しだいに版図を拡大した生涯はまさにドラマチックだ。ときには比叡山延暦寺を焼き討ちするほどの激しさを持ちつつ、楽市楽座のような先駆的なシステムも導入した。身分を問わずに能力のある者を登用したことも、当時としては画期的だった。その卓越した行動力とリーダーシップは、多くが憧れるところだろう。

おそらく本能寺の変さえなければ、念願だった天下布武も実現できたに違いない。

その信長が、桶狭間の戦いに出陣する前に舞ったといわれているのが、幸若舞（室町時代に流行した芸能）の一つである「敦盛」の以下の一節だ。

「人間五十年、化天の内をくらぶれば、夢幻のごとくなり。一度生を得て滅せぬ者のあるべきか」

ドラマのように本能寺で死の間際にまで舞ったかどうかは不明だが、お気に入りだったことは間違いないらしい。

ここでいう「化天（または下天）」とは、仏教の言葉で天上世界を指す。そこに住む神の寿命はきわめて長く、それに比べれば人間界の五〇年など夢のようにあっという間だ、という意味になる。

だから虚しいという話ではなく、**どうせならやりたいことをやろうじゃないか**、と解釈すべきだろう。実際、当時の武士は明日をも知れぬ命だった。

そう覚悟を決めていたからこそ、精一杯生きようと思えたに違いない。そういう武士の魂がよく反映されている一節である。

もちろん、信長のワイルドさも並大抵ではなかった。奇抜な服装を好んだり、目的のために手段を選ばなかったり、時として感情を爆発させたり、といった具合だ。

そのマインドは、穏やかな日本人の国民性の中では異質な存在だったのではないだろうか。

一〇〇人に一人は〝信長的知性〟を

もし日本人の誰もが信長のようなワイルドさを持っていたとしたら、さすがに物騒だろう。しかし、**一部にそういう人物がいてくれれば、周囲や組織はおおいに刺激を受け、活気づくに違いない。**

割合としては、せいぜい一〇〇人に一人程度でも十分だ。企業が新人を採用する際も、その点を考慮して〝規格外〟の者を少しだけ混ぜたほうがいいかもしれない。

むしろ懸念すべきは、こういうワイルドな〝信長的知性〟が断絶してしまうことだ。私はかれこれ二〇年以上も大学で教えているが、かつては元気が良すぎて扱いに困るような学生も少なからずいた。

だがそういう学生にかぎって、仲間内でリーダー的存在だったり、社会で成功したりしている。

ところが今の学生は、概して「いい人」ばかりの印象がある。優しくて、素直で、頭もいい。しかしおとなしく、ワイルドさは不足気味だ。この二〇年間で、どんどん角が取れてきたように思える。

けっして「いい人」が悪いわけではないが、もし元気のいい若者が生きづらい世の中になっているとすれば、それは問題だ。「天下布武」を狙う若者を称賛するような社会に変えていく必要があろう。

あるいは若者自身に対しても、もう少しワイルドな教育が必要かもしれない。とはいえ刺激が強すぎると、かえって萎縮してしまうおそれがある。

そこで、例えばこの「敦盛」の一節を舞うよう指導してみてはどうだろう。舞い方がよくわからないなら、口ずさむだけでもよい。

おそらく信長も、これを舞うたびに「やりたいことをやろうじゃないか」と覚悟を決めていたに違いない。

その真似をすることで、ワイルドな知性の何たるかを多少なりとも理解してみようというわけだ。若者が信長気分を味わってみるのも、悪くない。

そしてもし、**多くの若者が「人間五十年～」と舞い出したとしたら、日本人の覚悟も雰囲気も大きく変わってくるのではないだろうか。**

第 3 章

心のバリアを解き放つ

お前が今運んでいるのは、カエサルなのだ。カエサルの「運命の女神」もいっしょに乗せているのだ。

カエサル（共和政ローマ期の政治家、軍人）

人は言葉で強くなり、従順にもなる

かのカエサルが元老院と対決するためにルビコン川を渡ったとき、発したとされる言葉が「賽は投げられた」だ。周知のとおり、「ここが勝負どころ」「もう後戻りはできない」という意味である。

あまりにも有名な言葉だが、ポイントは「運を天に任せる」だけではなく、「かならず勝つ」という強い意志も込めているところにある。これは、「運命の子」を自任するカエサルの基本姿勢だった。

例えば、乗っていた小舟が嵐に見舞われ、船頭が引き返そうとしたときのこと。どうしても先に進みたいカエサルは、船頭にこう呼びかけたという。

「さあ、お前、元気を出せ！　何も恐れることはないのだ。お前が今運んでいるのは、カエサルなのだ。カエサルの『運命の女神』もいっしょに乗せているのだ」

（『カエサル』長谷川博隆著、講談社学術文庫）

この猛烈な自負心とポジティブ思考を支えていたのは、壮大な野心だ。

彼よりおよそ二五〇〇年前の時代を生きたアレキサンダー大王（アレクサンドロス三世）と自分とを比較し、大王がほぼ世界征服をなし遂げた年齢に自分も達しているのに、自分は何一つなし遂げていないと嘆いたりしている（同書より）。極端に目標値が高かったわけだ。

理屈はともかく、たしかにこういう上司がいれば、部下としては心強いだろう。誰であれ、私たちはできるだけ運のいい人と一緒にいたいという気持ちがある。

自ら「運がいいんだ」と宣言し、なおかつ実績も十分な人がいたとしたら、あやかりたいと思うのは当然だ。

同時に、不可能を可能にしてくれるような期待感や安心感も大きい。私たちは目標が大きければ大きいほど、「どうせダメだろう」「自分には無理」と弱気や不安になりがちだ。そして案の定、早々に諦めたり目標を下げたりする。

いわば〝心理ブロック〟を勝手に働かせて、最初から可能性の芽を摘んでしまうのである。

カエサルは、部下をそんな〝呪縛〟から解放するポジティブなパワーを持っていた。自身とアレキサンダー大王を比べるスケール感の持ち主だけに、そもそも〝心理ブロック〟を持ち合わせていない。

上司が終始その調子なら、部下の〝心理ブロック〟も自ずと解消されるに違いない。

いささか余談ながら、これに類するのが「破天荒」の語源にまつわる話だ。

一般には「無茶苦茶」とか「型破り」といった意味で使われるが、もともとは**「今まで誰もなし遂げなかったことをする」**という意味だ。

これは、「天荒」という中国のある村の話に由来する。科挙（官吏登用試験）の合格者を一人も出すことができず、地域は貧しくて荒れ放題だったことから、この名がある。

ところがあるとき、初めて合格者が出た。そこから、「破天荒」という言葉が生まれたわけだ。すると翌年以降、何年も連続して合格者を輩出するようになったという。

つまり、村人たちは能力的に劣っていたわけではなかった。しかし「合格するはずがない」と最初から諦めていたために、結果を出せずにいた。

その「心理ブロック」さえ解除できれば、もっと能力を発揮できるのである。そう誘導できるリーダーや先駆者は、間違いなく尊敬を集めるだろう。

シンプルでキレのいい言葉

カエサルはまた、言葉の力を巧みに利用するリーダーでもあった。

例えばアフリカ遠征の際には、原住民に対して「自分は、君たちを恐怖政治から解放するためにやってきたのだ」と呼びかけたりしている（同書）。

支配者や侵略者としてではなく、いわば〝正義の味方〟として登場したわけだ。

あるいはカエサル自らが記した『内乱記』や『ガリア戦記』は、教科書に載るようなラテン語の名文で綴られている。

とりわけ有名な言葉といえば、「来た、見た、勝った」だろう。小アジアのポントス遠征での勝利を、ローマにいる部下に伝える手紙でこう書いたとされている。

日本語でもそうだが、ラテン語の原文でも「Veni, vidi, vici」（ウェーニー・ウィーディー・ウィーキー）と韻を踏んでいる。しかも、キレのいい三つの動詞を並べ、躍動感を出している点も秀逸だ。

シンプルであるがゆえに読み手に訴える力が強いし、覚えやすい。言葉が思考の表れだとすれば、カエサルの思考自体がシンプルで力強く、前向きだったということだろう。

裏を返せば、**決して強権的なリーダーではなかった**ということでもある。本人の言葉によると、「情深さと大らかさによって、その身を守ることこそ、勝利を得るための新しい方法である」という（同書）。

実際、征服した土地の住民に改宗を迫らず、それぞれ従来の宗教を容認したりしている。たしかに圧政を敷いたり、被支配地の住民を差別したり、敗者を厳しく処罰したりすることは、かえってわが身を危険に晒すことになる。これは現代にも通じる発想だろう。

そこで大事なのが、新たに支配下に加わった人々にそのメッセージをどう伝えるか、つまり言葉の問題だ。

かつて松下幸之助は、自分の意思を部下に伝えるには、同じ話を何度も繰り返す必要があると述べていた。人間は忘れる動物だから、一度聞いたぐらいではしだいに印象が薄くなる、というわけだ。

おそらく同じ発想で、カエサルは言葉自体に力を持たせようとした。簡潔で、前向きで、しかも印象に残りやすい言葉は何か。それを日ごろから考え抜いていたからこそ、「来た、見た、勝った」のような名文が生まれたのではないだろうか。

「やってみせ、言って聞かせて、させてみて、褒めてやらねば、人は動かじ。」

山本五十六（大日本帝国海軍軍人、連合艦隊司令長官）

強い軍隊をつくるために〝懇切指導〟

教育現場でも職場でも、人を指導する立場の人がしばしば指針にするのが、「やってみせ、言って聞かせて、させてみて、褒めてやらねば、人は動かじ」だ。

太平洋戦争中の連合艦隊司令長官、山本五十六の言葉とされているが、出典は不明だ。ただ、しばしば口にしていたことは事実らしい。

その前提で述べるとすれば、**この言葉の魅力の一つは「ギャップ」にある。**

当時の軍隊は、怒鳴ったり殴ったりして教えるのが当たり前で、「褒めてやる」などということは一般的でなかったはずだ。

そんな時代の海軍トップの発言だから、人々はその意外性に惹かれたのである。

山本は開戦前の日米の戦力差について、冷静に分析・認識していた人物としても知られている。

例えば、すでに連合艦隊司令長官に就任していた昭和一五年、当時の近衛文麿首相に自邸の「荻外荘」に招かれた際、日米が開戦した場合の海軍の見通しについて尋ねられ、以下のように述べたといわれている。

「是非やれと言われれば、初め半年や一年は、ずいぶん暴れて御覧に入れます。しかし二年、三年となっては、全く確信は持てません。三国同盟が出来たのは致し方がないが、かくなった上は、日米戦争の回避に極力御努力を願いたいと思います」

（『山本五十六』阿川弘之著、新潮社）

開戦後、戦況がほぼこのとおりに推移したことは周知のとおりだ。ただこれは、山本の炯眼というより、現場で責任を持つ者として当然の冷静さといえるかもしれない。

以前、私は自衛隊の幹部の方と対談させていただいたことがある。そのときに伺ったのは、「とにかく戦争はしたくない。とりわけ中国とは」ということ。その思いは強いと力説されていた。

それは戦場に行きたくないとか、死ぬのが怖いといったレベルの話ではない。客観的に現状の戦力を分析した場合、苦戦を強いられるのは確実らしい。

現場を知り、責任のある身だからこそ、冷静な認識を持たざるを得ないのである。

そんな責任を持つ人物の言葉だからこそ、「やってみせ～」は重い。背景にあるのは、ヒューマニズムの視点や一般的な教育論ではない。**どうしても軍隊を強くしなければならないという、切実なニーズに端を発しているに違いない。**

怒鳴ったり殴ったりして人が動くのであれば、それでいい。しかし現実には、萎縮して言いなりになるだけで、モチベーションは下がるし、自分でものを考えなくなる。

そういう人間が集まったところで、強い集団になるわけがない。山本は自らの指導経験等から、そう認識していたに違いない。

何よりも「強さ」が求められる軍隊においてなお、〝懇切指導〟が有効だということを、少なくとも軍のトップの一人が認識していた。だとすれば、今日のあらゆる組織にとってもおおいに参考になるはずだ。

今日の教育現場も見習うべき

実際、この言葉は教育論として取り上げたとしても、きわめて秀逸だ。分解すると四つのステップで成り立っており、いずれも教育の基本である。

まず、自らが「やってみせる」という姿勢がいい。

ここで問われるのは、教師の先達としての力量だ。自分ができないことを教え子に「やれ」と言っても、そもそも説得力を持たないだろう。その上で、「なぜこうしなければいけないのか」「理屈としてはどうなっているのか」を説明し、さらに本人にやらせてみる。

そして最後に褒めるというプロセスが加わると、当人は「もっとがんばろう」「もっと褒められよう」という気になれるのである。

これだけ丁寧に教えれば、どんな〝問題児〟が相手でも、相応の効果が期待できるはずだ。そう考えてみると、**まるで今日の「ゆとり教育」を見越したような言葉と捉えることもできる。**

しかも「五・七調」にまとめ上げているあたり、見事としか言いようがない。

今の教育現場では、この四ステップが軽視されている。先生が説明するだけで終わり、というケースが多いのである。

だから生徒が実践する機会も少ないし、したがって褒められることもない。結局、先生が淡々と話す一方、生徒はほとんど興味を失っていたり、眠っていたりするだけの〝死んだ授業〟になってしまうのである。

日本の教育の再生は、この言葉への回帰から出発すべきではないだろうか。

まして職場であれば、こういう指導・教育の有無は死活問題だ。〝死んだ授業〟があるように、〝死んだ部署〟も少なからず見受けられる。

なんとなく働いているフリはしているものの、要するに「人は動かじ」になっているのである。リーダーシップは、まずやってみせる所から始まり、褒めるで締めるのが肝要だ。

「まず一歩踏み出そう。」

シェリル・サンドバーグ（フェイスブックＣＯＯ）

女性が社会に対して抱く「暗黙の障壁」

フェイスブックＣＯＯのシェリル・サンドバーグの著書『ＬＥＡＮ　ＩＮ』（村井章子訳、日本経済新聞出版社）が、ベストセラーになった。

時代を代表する新興企業トップの本だけに、さぞ華やかな内容かと思いきや、そうではない。テーマは「女性が社会で働くということ」だ。

あるデータによると、世界の大企業のＣＥＯは九割以上が男性だという。女性の社会進出が進んでいそうなアメリカでさえ、組織の上層部に行くほど男性が多くなる傾向があるらしい。

サンドバーグさん自身、女性であるがゆえにハードルを感じることがあるという。そんな現状を変えたいという思いから書いたのが同書だ。

「LEAN IN」とは「まず一歩踏み出そう」という意味で、社会へというより女性に向けたメッセージだ。

今や彼女は、大手企業のリーダーであるとともに、世界の働く女性のリーダーにもなりつつあるようだ。

過日、そのサンドバーグさんがNHKの『クローズアップ現代』に出演されていた。その中で指摘していたのは、女性には男性社会の中でなんとなく遠慮してしまう「内なる障壁」があるということ。その上で、以下のように述べている。

「より平等な世界を真剣にめざすなら、女性が手を挙げつづけない傾向があることを、まず認識しなければならない。より多くの組織や個人が、こうした傾向に気づき、女性を励まし、背中を押すとともに、女性自身も手を挙げつづけることを学ぶ必要がある。手を下ろしてしまったら、どれほど注意深い上司でも、もう気づくことはできない」

（NHK『クローズアップ現代』HP）

おそらく現状においても、法律的な面では、女性が社会で働くことについて障壁は多くない。

ただ問題は、社会に「女性は子育てをしなければいけない」「家事と仕事の両立をしなければいけない」「男性の上司や部下を立てなければいけない」といった暗黙の障壁があること。だから、女性はたとえ能力があっても無意識のうちに身を引いてしまう、というわけだ。

ニワトリとタマゴのような話だが、この状態を解決する一つの方法は、世の中に女性のリーダーがもっと増えることだろう。

社会がそのことに慣れれば、「女性だから」という理由で障壁を感じる必要はない。むしろ「後に続こう」「自分にもできる」と勇気を持つことができるはずだ。

女性の「恐れ」を取り除く

少なくとも日本では、職場における女性の存在感は増しているのではないだろうか。

例えば教師の世界は、女性の社会進出がきわめて早かった。もちろん勤務条件も男女に差はない。本人が望むなら、生涯にわたって安心して働ける状況にある。周知のとおり、今や女性の校長先生も珍しくない。

あるいは出版界にも、女性の編集者はきわめて多い。編集部に女性がいるのは当たり前の風景だ。出産・育児休暇を経て職場に復帰する人もよくいる。そういう前例がたくさんあるから、ますます女性が増えるのだろう。

勉強の世界でも、テストの成績は男子より女子のほうがよくなってきている。中間・期末試験のみならず、高校入試や大学入試、あるいは入社試験のペーパーテストでも明らかだ。

その結果、当然ながら高学歴の女性も増えている。例えば私が三〇年ほど前に東大にいたところ、法学部と経済学部に進学予定の五〇人のクラスに、女子は二人しかいなかった。それが今では全学部生の約二割、大学院生の三割弱を占めているという。

あるいは、ひと昔前まで「女性は数学が苦手」とよくいわれていたが、今では医学部に進む女性も増えている。むしろそのため、女性が働きやすい環境が比較的整っている皮膚科や眼科などの志望者が増える一方、体力が要求される外科志望者が減るなどの問題が起きているほどだ。

さらにいえば、企業も女性を求めている。消費財の大手メーカーに勤めている私の教え子によると、女性社員の割合が少ないことが、社内で問題になりつつあるという。なぜなら、家庭の消費行動の八割以上は女性が決めているからだ。

特に営業やマーケティングの部門では、女性の感覚を探ることが至上命令のはずである。その部署に女性が少ないのはいかがなものか、というわけだ。そういうニーズがある以上、女性の採用を増やしてくるだろう。

とはいえ、女性が働きにくい部分はまだまだあるはずだ。これについては、巷間よく指摘されるとおり、職場の同僚と家庭の夫も含めた男性の理解や協力が欠かせない。

とりわけ労働力不足が懸念される日本においては、男性の育児休暇制度に象徴されるように、社会の制度も少しずつ改善されていくだろう。

あとはサンドバーグさんが指摘するとおり、女性の心理的な障壁の問題が大きい。**「一歩踏み出す」ためには、まず自分の中の「恐れ」や「遠慮」をチェックする必要がある。**それが本当にリアルなものなのか、具体的に誰を恐れ、誰に遠慮しているのか考えてみるわけだ。そうすると、案外思い込みにすぎなかったりすることがよくある。

同時に重要なのは、女性を部下に持つリーダーのあり方だ。リーダーが女性なら、その姿自体がロールモデルになる。

あるいは男性でも、男女分け隔てなく接するのは当然として、部下には「自分は仕事ができる」「もっと上を目指せる」という自信を持たせる必要がある。そのプロセスで、「心理的な障壁に気づかせ、取り除くように仕向けられればベストだろう。

これは、教育現場でもよくある話だ。例えば「自分は理科系が苦手」と自認する生徒は少なからずいる。だがその多くは、本気で理科系の勉強をしたことがない生徒だ。つまりスポーツや楽器と同じで、やったことがなければできるはずもない。いわば〝食わず嫌い〟にすぎないのである。

そこで**先生の役割は、「ちょっとだけやってみようよ」と促すことだ。**それによって少しでも結果が出れば、苦手意識は小さくなる。まさに心理的な障壁が取り除かれて、「真面目に取り組めばできるかも」と思えるようになる。

これが、教育の最初のステップだ。そこまで来れば、あとは自分で勉強するようになるのである。

明日ありと思う心の仇桜
夜半に嵐の吹かぬものかは

親鸞（浄土真宗の開祖）

出発点は「愚かな自分」

以前、私は『声に出して読みたい親鸞』（草思社）という著書を上梓した。その執筆中にあらためて印象に残ったのは、親鸞が「自分は愚かな人間である」という認識から出発していることだ。自身をしばしば「愚禿（頭を剃った愚か者）親鸞」と称したのも、その表れである。

また親鸞は、弟子を一人も持たなかったことでも知られる。その教えに影響を受け、師と仰ぐ者は数多くいたが、それを弟子とは認めなかった。その代わり、ともに学ぶ者として受け入れたのである。やはり「愚か者」を自認していたためだろう。

その発想は、親鸞の言葉を集めた『歎異抄』に登場する、有名な「善人なおもて往生をとぐ、いわんや悪人をや」の言葉にも表れている。

これは親鸞が自らを善人の立場に置き、世の悪人に対して〝上から目線〟で「救ってあげよう」と言っているわけではない。**自らが「どうしようもない悪人」であるという前提で、そんな自分でも阿弥陀様は救ってくれると説いているのである。**

そんな〝自称悪人〟の親鸞が到達したのが、「南無阿弥陀仏」の六文字だけ唱えればすべてよし、とするシンプルなやり方だ。もともと多くを語る人ではなかったが、その透徹した覚悟が「南無阿弥陀仏」に集約されているのである。

この言葉に込められているのは、阿弥陀仏への祈りというより、感謝の気持ちだ。生かされていることを確認し、ありがたいと思い、心の平安を得る。そんな〝常備薬〟のような言葉なのである。

根底にあるのは、「絶対他力」の発想だ。自力でなんとかしようと考えるのではなく、**最終的には他力だと達観することで腹が据わり、肩の力も抜けてくるのである。**

例えば親鸞の作といわれている歌に、「明日ありと思う心の仇桜　夜半に嵐の吹かぬものかは」がある。真偽のほどは定かではないが、わずか九歳のときに詠んだらしい。ここでいう「仇桜」とは、「生命」のことを指す。

明日も命が続くと思っているかもしれないが、夜中に心臓が止まるかもしれないじゃないか、というわけだ。

ずいぶんネガティブな歌のように聞こえるが、そうではない。たしかに嵐が来ると思うと不安だし、恐怖も覚える。

しかし、それを「絶対他力」の視点で捉えると、「南無阿弥陀仏」を唱えれば、阿弥陀様に救ってもらえる、という話になる。

文字どおりの〝他力本願〟だが、それによって気が楽になる分、精神的に強くなれるのである。

大きな力に「生かされている」

むしろ自力でなんとかしようとすると、人間は無力さに直面する。もともと宇宙は広大で、しかも複雑かつ不条理にできている。

その中で、人間はカゲロウのように生き、あっという間に死んでいくしかない。そういう境遇に自力で抗おうとしても、苦しくなるだけだ。まして「自分の人生の主役は自分だ」とか「自分で何かをコントロールしたい」などと考えると、疲れるだけである。

実はここに、宗教の存在価値がある。「俺が俺が〜」「私が私が〜」と気張らずに心にスペースを空け、「宇宙」や「神」といった大きな力に「生かされている」と考えて身を任せてみると、気持ちはずっと楽になりますよ、というわけだ。そうやって自力ではなく他力中心で生きようという逆説こそ、宗教の本質なのである。

親鸞自身、流刑を経験するなど、その生涯で少なからず辛い思いをしている。では凹んだり自暴自棄になったりしたかといえば、そんなことはない。

どれほどの逆境にあっても、むしろエネルギーが無限に湧き出るかのように、真摯に阿弥陀仏の救いを求め続けた。それだけメンタルが強かったということであり、宗教の不思議なところでもある。

信者になるかどうかはともかく、**こういう宗教的な発想は、ストレスの多い現代に生きる私たちにとっておおいに役立つはずだ。**「自己責任」を背負い、自力で問題解決の道を探ることだけが強さではない。他力を求めることも、また強さを生むのである。

極端な話、「今日がんばれば明日はよくなる、明後日はもっとよくなる」と考えるより、

「たとえ今夜、地球が滅亡しても、浄土に行けるからOK」ぐらいに構えていたほうが、気分的に楽かもしれない。

それは、けっして厭世的になるということではない。浄土が約束されていると思えば、現世の些細な出来事に一喜一憂せずに済む。あるいは失敗を恐れず、果敢なチャレンジができる。つまりは、メンタルの下支えになるわけだ。

シンプルなやり方を示し、人々の不安を減らし、一緒に歩んでゆく。これはぜひ学びたい「やわらかなリーダーシップ」だ。

どうやって直すのかわからないものを、こわしつづけるのはもうやめてください。

セヴァン・カリス＝スズキ（環境活動家、カナダ生まれの日系四世）

本質を捉えている「子どもの言葉」

子どもの言葉にハッと気づかされた経験は、誰にでもあるだろう。

子どもは知識も経験も乏しい分、ものごとを先入観なく見ることができる。それに語彙も少ないから、わかりやすい言葉で表現する。

さらにいえば、「空気を読む」とか利害関係とか立場とかいった〝大人の事情〟も知らない。だから案外本質を捉えることができる上、ものおじせずに発言できるのである。

その観点から見ると、大人の発言は滑稽に映るかもしれない。例えばシンポジウムにおいても、相応の地位や肩書を持った人が「自分はどういう立場でここにいて、どういう発言を求められているのか」「主催者は誰なのか」「次も呼んでもらえるのか」といったことばかり考えたりしている。

率直に話すような雰囲気を持っていても、むき出しの率直さとはほど遠い場合が多いのである。

それはともかく、とりわけ世界的な反響を呼んだ子どもの発言といえば、一九九二年にブラジルのリオ・デ・ジャネイロで開かれた「地球環境サミット」における「伝説のスピーチ」だろう。

当時一二歳だったカナダの少女セヴァン・カリス＝スズキさんが、地球環境が日々破壊されている状況を訴えた上で、何ら打開策を立てられない大人に対して以下のように呼びかけたのである。

「まだ子どもの私には、この危機を救うのに何をしたらいいのかはっきりわかりません。でも、あなたがた大人にも知ってほしいんです。あなたたちもよい解決法なんてもっていないっていうことを。オゾン層にあいた穴をどうやってふさぐのか、あなたは知らないでしょう。死んだ川にどうやってサケを呼びもどすのか、あなたは知らないでしょう。絶滅した動物をどうやって生きかえらせるのか、あなたは知らないでしょう。そして、今や砂漠となってしまった場所にどうやって森をよみがえらせるのか、あなたは知らないでしょう。

どうやって直すのかわからないものを、こわしつづけるのはもうやめてください」

(『あなたが世界を変える日』セヴァン・カリス＝スズキ著、ナマケモノ倶楽部編・訳、学陽書房)

たしかにそのとおりで、反論の余地はない。おそらく自身が本気で思っていること以外、何も言っていないのだろう。

きわめて簡単な言葉でありながら、本質を言い当てている。大人には絶対にできない表現だ。

子どもの言葉の力については、私も思うところがある。私はかねてよりNHKEテレの『にほんごであそぼ』の総合指導をしているが、二〇一二年末にその番組の公開コンサートが福島で行われた(放送は二〇一三年一月に総合テレビで)。その中に「ごもじもじ」というコーナーがある。全国の子どもたちが送ってくれた五七五の句を、一つの音楽にして歌うというものだ。

子供たちのつくった五七五が歌われると、会場中が涙に包まれた。観客のお母さん方も出演者もスタッフも、それに私もつい堪えきれなくなってしまったのである。

もちろん泣かせるためのコーナーではないが、子どもたちの素朴な言葉に力があり、胸に迫ってきたからだ。あらためて、子どもの言葉はすごいと感じた瞬間だった。

〝子ども心〟を取り戻せ

翻って、大人の場合はどうだろう。

例えば企業の採用面接の担当者からよく聞くのが、「自分の言葉がない学生が多い」ということだ。その企業や業界の知識を詰め込み、面接の練習も積んではいるが、おかげで話す言葉もほぼ一様になる。担当者もプロだから、「マニュアルどおりだな」ぐらいのことはすぐにわかる。つまりは、学生たちの個性や魅力が見えてこないわけだ。

学生にかぎった話ではない。たしかに大人になると、知識やノウハウを身につけるにつれて感性を失ってしまう。**〝色眼鏡〟をどんどん濃くした結果、視界不良に陥るようなものである。**

しかし、そういう大人ばかりではないことも事実だ。

例えばピカソは、老年になってから「絵をうまく描くことは子どもの頃からできたけれど、この歳になってようやく子どものように絵を描けるようになった」と述べている。

晩年のシンプルな作品は批判の対象にもなったが、子どもの絵のような力強さもある。あのピカソが子どもの絵を一つの到達点としたのは、そこに素朴な表現力を感じ取っていたからだろう。

あるいはニーチェは、人生には三つの段階があるとして、それぞれの時期を「ラクダ」「獅子」そして「子ども」と命名している。

「ラクダ」の時期に義務を果たし、「獅子」の時期にさまざまなことに「ノー」と言って自由を獲得し、そしてやがて「子ども」の時期を迎え、おおいに遊び、自分で価値を創造していく。人生で最終的に目指すのが「子ども」というわけだ。

いずれにせよ、好むと好まざるとにかかわらず背負ったものを降ろせるのが、「子ども」の魅力だろう。

ピカソのような才能はないとしても、**少なくとも自分の中にある子どもの部分を忘れないようにすることはできる。**もっとも手っとり早いのは、軽くジャンプすることだ。

可能なら、小学三年生時代を思い出してみていただきたい。意味もなくピョンピョン飛び跳ねていたのではないだろうか。それを見習うと、気分が軽くなってすべてが遊びに思えてくる。つまりは、子どもの身体に戻すということだ。

身体が子どもになれば、大人の良識も持ちつつ、子どもの率直さも多少は取り戻せる。

その上で、あらためてこの「伝説のスピーチ」を読んでみるといい。自分の言葉で語るとはどういうことか、それがどれほど魅力的なことか、より理解できるのではないだろうか。特に就活中の学生には、一読してから面接に出かけてほしい。

本質を率直に自分の言葉で語ること。これがリーダーシップだ。

荒地は荒地の力をもって開く。

二宮尊徳（江戸後期の農政家）

「自力」をつけることの大切さ

二宮尊徳（金次郎）といえば、小学校の校庭によくあった、薪を背負ったまま本を読む像を思い浮かべる人も多いだろう。勤勉を絵に描いたようなその姿は、いかにも教育現場にふさわしい。

だが尊徳の顔は、勤勉だけではない。**今日であれば何億もの年収を稼げるほどの、スーパー経営コンサルタント**だった。

まずは二〇歳のとき、数年前の嵐で田畑を流された生家の家計の立て直しに成功。続いて奉公先の小田原藩家老家の財政も立て直す。

それが評判を呼び、小田原藩主の指示で分家旗本の荒れた領地（現・栃木県真岡市内）の経営を任される。

ここでも成果を上げて以降、関東各地で請われるままに財政再建を担い、それぞれ役割を果たす。ついには幕臣として取り立てられ、天領（幕府の直轄地）だった日光の経営まで担うことになる。

奇をてらった策を用いたわけではない。倹約すべきを倹約し、利益の上がる事業を見定めて領民全員できっちり取り組み、蓄えるべきを蓄え、互いに助け合う。この一連の政策パッケージを、「報徳仕法」という。

もちろん、尊徳自身も清廉で無欲な人物だった。各地で功績を残しながら、けっして報酬を求めるわけでもなく、常に領民と苦楽をともにすることを旨とした。

優秀な経営コンサルタントであるとともに、実践を通して生き方を説く道徳家としても、人々の尊敬を集めたのである。

したがって、今日に残されている言葉も多い。有名な「荒地は荒地の力をもって開く」（『二宮翁夜話（下）』現代版報徳全書）もその一つだ。

貧困対策というと、どうしても外部から支援しようという話になりがちだ。だがそれは、かならずしも当人たちの自立にはつながらない。だとすれば、持続可能性の面で疑問符がつく。

当人が教育を受け、しっかりとした自覚と責任感を持って仕事をする環境をつくることが、真の貧困対策である。**要は、いかに自ら切り拓く自力を育てるかという問題だ。**一見すると当たり前のことのようにも思えるが、それが今日でも難しいことは、個人レベルでも国家レベルでも周知のとおりである。

これを地道に実践し、成功例を示したところに尊徳の偉大さがある。

具体的計画を示し、一人一人と向き合う

では自力をつけさせるために、尊徳が実践したことは何か。これは、大きく二つある。

一つは具体的計画を提示したことだ。どういう計画の下で、どの程度の割合を貯蓄に回すか。それを毎年繰り返すことで貯蓄を積み上げると、いつ生活が安定に向かうか。それを示すことでやる気を引き出したわけだ。

これは、今日のスポーツでもよくある話だ。

およそ〝名将〟と呼ばれる監督は、負け癖のついたチームに勝ち癖をつけさせることを得意としている。練習メニューを提示し、作戦を伝え、「こうすれば勝てる」という道筋をつけることで、選手の意識を変えていくわけだ。

それによって実際に勝ちはじめれば、選手はますます自信を得てやる気になる。あるいは監督への評価も上がり、その指導を仰ごうと有力な選手が集まるようになる。チームは加速度的に強くなるわけだ。

そしてもう一つ、尊徳が実践したのは、**個々人としっかり向き合うということだ。**一対多のコミュニケーションではなく、一人一人に合った指導をして期待をかける。だから個々人も期待に応えようとがんばるわけだ。

これはまさに、教育現場に必須の条件だ。私の教えた卒業生に、偏差値レベルが低いといわれている学校で教師をしている者がいる。

彼によると、その生徒たちと向き合う唯一最大の方法は、彼らを認め、尊敬することだという。そうしなければ、自分も認められないし、尊敬してもらえない。

特に彼らは、「バカにされる」ということにきわめて敏感に反応する。ひとたびそう感じると、もう背を向けるのみだという。

どんな学校でも、事情は同じだ。**生徒の力を引き出すには、まず認め、「やればできる」と鼓舞し続ける必要がある。**力は外から与えられるものではなく、自分の身体から出すしかない。そう気づかせることが教育なのである。

おそらく会社組織でも同様だろう。窮状にあるとき、いくら外部から再建案を示されても、あるいは外部からエリートをヘッドハンティングしたとしても、肝心の社員の意識改革がなければ打開はできない。まずは、現有戦力でどう体制を立て直すか、どう知恵を絞るかが鍵を握るはずだ。

そこで問われるのが上司やリーダーの力量だ。「荒地の意地を見せよう」と社員を鼓舞できてこそ、真のリーダーといえるだろう。

第4章

「ぶれない覚悟」が人を動かす

「苦しくなったら、私の背中を見なさい。」

澤穂希（サッカー選手）

仲間を励ましつつ、自らを鼓舞する言葉

サッカー女子日本代表、いわゆる「なでしこジャパン」の活躍はまだ記憶に新しい。とりわけ二〇一一年夏に行われたワールドカップ・ドイツ大会での優勝は、震災復興のイメージとも重なって日本中をおおいに沸かせた。

それより少し前、「なでしこジャパン」でもう一つ話題になったのが、キャプテンである澤穂希さんの言葉「苦しくなったら、私の背中を見なさい」だ。

北京オリンピックの三位決定戦（対ドイツ戦）の直前、ロッカールームで若い選手たち

にそう語りかけたという（『夢をかなえる。』澤穂希著、徳間書店）。

これほどリーダーシップを象徴する言葉は、滅多にない。チームの調子がいいときは、特にリーダーなど必要ないかもしれない。しかし**調子が悪くなったときこそ、リーダーの真価が問われる。**怒ったり、落ち込んだり、諦めたりすれば、チームはそのまま崩壊していくだけだ。

誰もが苦しいときに「大丈夫」「まだ行ける」と励ますこと、いわば「精神的支柱」になることこそ、リーダーに課された役割なのである。

「私の背中を見て」は、それを見事に体現した言葉といえるだろう。

もちろん、こういう発言をすること自体、かなりの度胸が必要だ。もともとリーダーとしての信頼が厚くなければ、滑稽なだけになる。支柱となるような能力とパッションがなければ、かえって士気を下げることになる。その意味では、こういう発言のできるリーダーはかぎられるかもしれない。

しかし、ものは考えようだ。「環境が人をつくる」といわれるように、「言葉がリーダーをつくる」ということもあり得る。

もともとリーダーシップに自信のない人、あるいは自身が意気消沈しているときこそ、あえてこういう発言をしてみるのも一つの方法だ。自らの責任が増すため、否応なしに張りが出てくるだろう。

おそらく澤さん自身も、苦しいときがあったはずだ。しかし、「いつも背中を見られている」という意識を持つことで、自らを鼓舞していたのではないだろうか。要は、こういう宣言ができるか否かというメンタルの問題だ。

だいたいリーダーといっても、全員から崇拝されるようなカリスマを目指す必要はない。静かに後押しするようなリーダーがいてもいい。

そういう姿なら、誰でも経験によってある程度は身につけられる。その一助となるのが、言葉で全員を支えることだ。

いきなり「自分の背中を見ろ」までは言えないにしても、とりあえず「責任はすべて自分が取る」ぐらいなら、誰が言っても不自然ではないだろう。

「私を見て」と言えるか

自分の言葉に説得力を持たせるなら、相応の訓練が必要だ。これは資質というより、技術の問題である。多くのビジネスパーソンにとってもっとも身近なのは、プレゼンの腕を磨くことだろう。

私は学生に対し、しばしばプレゼンの課題を出す。人前で話すことが苦手な学生は多いし、まして自分のアイデアや意見を披露するとなると緊張もする。

しかし、それでも繰り返しやっていると、彼らは少しずつ変化してくる。聞き手の反応を取り込んでアドリブで話せるほど、慣れてくるのである。

過日のプレゼンでも、〝ベテラン〟の域に達した学生たちの中に、一人だけ経験の浅い者が混ざる機会があった。当人にとってみれば、たいへんなプレッシャーだったはずだ。実際、誰が見てもレベルの差は歴然としていた。

ところが、終わった後で感想を聞いてみたところ、「いい刺激になった。上手にはできなかったが、こうやればいいのかと自信を持てた」という。次回以降、急速に上達したことは言うまでもない。

ましてビジネスパーソンであれば、プレゼン本番に向けた準備や練習は欠かせないはずだ。持ち時間がわずか五分だったとしても、中身を吟味し、組み立てを整え、いかに興味を持ってもらえるかを考える。

それは澤選手とは別の意味で、「私を見て」と言えるようになるための作業といえるだろう。プレゼンの機会があれば、本当にそう言えるかどうか、自身に問うてみていただきたい。

あるいはプレゼンにかぎらず、リーダーとしてメンバーに意思や決断を伝えることも少なからずあるはずだ。その場面の一つ一つも、いわば「私を見て」と宣言するようなものである。

そう考えるなら、この宣言ができるか否かは、ビジネスパーソンの誰もがある時期にかならず直面するステップであるともいえるだろう。

それを乗り越えれば、たとえ「自分はリーダー向きではない」と思っていた人でも、リーダーの顔つきになっていくのである。

「その恩は既に山よりも高く、海よりも深い。」

北条政子（鎌倉時代の政治家、源頼朝の正室）

夫頼朝に代わり家臣たちを叱咤

もともと日本には公衆を前に長く話す「演説」の習慣がなかったので、日本人による名演説というものは過去も今もあまり存在しない。ただその中で異彩を放つのが、鎌倉時代の「承久の乱」の際、北条政子が御家人に向けて行った演説だ（安達景盛が代読したとの説もある）。

夫の源頼朝が亡くなった後、息子の頼家は父の北条時政に暗殺され、もう一人の息子の実朝は頼家の子の公暁に暗殺され、その公暁も殺され、将軍家直系の血はそこで途絶えることになる。

その混乱に乗じ、京都で後鳥羽上皇が挙兵して朝廷の復権を狙う。これが、「承久の乱」のはじまりだ。

朝廷を敵に回して戦うとなると、鎌倉幕府は朝敵ということになる。御家人が動揺するのは無理もない。そこで政子は、彼らにこう呼びかけたのである。

「皆、心を一つにして承るように。これが最後の言葉である。故右大将軍（源頼朝）が朝敵を征伐し、関東を草創して以後、官位といい、俸禄といい、その恩は既に山よりも高く、海よりも深い。（その）恩に報いる思いが浅いはずはなかろう。そこに今、逆臣の讒言によって道理に背いた綸旨が下された。名を惜しむ者は、速やかに（藤原）秀康、（三浦）胤義らを討ち取り、三代にわたる将軍の遺跡を守るように。ただし院（後鳥羽）に参りたければ、今すぐに申し出よ」

（『現代語訳　吾妻鏡』五味文彦・本郷和人編、吉川弘文館）

簡単にいえば、「あなたがたは頼朝から官位や俸禄で恩を受けたはず。恩返しの志も浅くはないでしょう。ところがその恩を忘れ、われわれを滅ぼそうとする者がいる。恩に報いようと思うなら、今こそ逆臣を討ち取れ」と説いているわけだ。

そして最後に、「もしこの中に朝廷側につきたい者がいるなら、今すぐ申し出よ」と締めるのである。さすがに、説得力に満ちた名演説だ。

この後、幕府軍は大軍となって京都まで進撃し、朝廷軍を相手にするという前代未聞の戦いに圧勝する。これにより、後鳥羽上皇は隠岐島へ配流された。

一方、幕府の実権はますます北条家が握っていくことになる。

昔も今も、人は「魂」で動く

政子の演説は、ある種の〝決起集会〟だった。互いの意識をたしかめ、精神を統一し、団結心を高めたわけだ。こういう集会は、今日でも有効だろう。

ここで政子が提示したのは、「覚悟」だ。リーダーとして朝廷を敵に回すと決断し、もう怯んだり迷ったりするところがない。最初から「最後の言葉」と宣言するあたりに、それが表れていよう。

リーダーにこれほど腹の据わった態度を見せられると、メンバーである御家人としても覚悟を決めざるを得ない。しかも「恩」という言葉を持ち出された以上、したがわない者は「恩知らず」の汚名を着ることになる。

それも**「私に恩を返せ」では恩きせがましく感じるが、「創始者の恩を思い出せ」なら素直にしたがおうという気になる。**リーダーとしてというより、サブリーダーとしての地位を最大限に利用したわけだ。このあたりからも、政子がただものではなかったことがわかる。

結局のところ、この一戦の勝者は幕府や源氏というより、北条家だった。鎌倉幕府が乱の後、一〇〇年以上続いたのも、頼朝の功績というより、この演説の効果が大きいかもしれない。それだけ歴史をつくった演説だったといえるだろう。

考えてみれば、武士の時代に武力ではなく、しかも棟梁ではなくその妻が、**ただ言葉の力に頼って人心をまとめたこと自体が驚異的だ。**

筋の通ったことを堂々と発言し、相手に覚悟を迫れば、人の集団は戦うチームに変わる。またそれができる人こそ、真のリーダーといえるだろう。

もちろん、この手法は今日でも通用する。チームがピンチのとき、まずリーダーがうろたえていては総崩れになる。毅然として戦う覚悟を示す必要があるだろう。

同時に、メンバーにも同様の覚悟を求めるのがリーダーの腕の見せどころだ。

そのとき、やはり「恩」を前面に押し出すのは有効だろう。いくら時代は変わっても、「義理」や「礼節」や「感謝」の大切さは変わらない。

「逃げたら給料を下げる」と脅すより、「今こそサラリーマン魂を見せろ」と迫ったほうが、よほどモチベーションも上がりやすいのではないだろうか。

「いろ〳〵むつかしい議論もありませうが、私が一身にかけて御引受けします。」

西郷隆盛（薩摩藩士、軍人、政治家）

「肚」と「情」を持つ、理想のリーダー

理想のリーダー像については、一〇〇人いれば一〇〇通りの考え方があるだろう。ただ、日本的ないしは東洋的リーダーの象徴という意味では、おそらく西郷隆盛を置いて他にいない。

その特徴は大きく二つある。

一つは「肚」がとてつもなく大きいことだ。何があっても泰然自若としていて、細かいことを気にしない。

部下が失敗しても責めたりせず、すべて自分の肚におさめる。だから部下は安心して働けるのである。

もう一つは、**「情」で部下の思いをすべて受け止めたことだ。**

周知のとおり、「征韓論」を唱えたのも西南戦争を起こすに至ったのも、溜まりに溜まった士族たちの不満を解消するためだった。本人の意思はともかく、彼らのために自分はそこで死のうと覚悟を決めたのである。

かの勝海舟も、西郷について「どのくらい太っ腹の人だったかわからないよ」と評し、江戸城無血開城の談判の様子を以下のように述懐している。

「西郷は、おのれのいふ事を一々信用してくれ、その間一点の疑念も挟まなかった。『いろ〳〵むつかしい議論もありませうが、私が一身にかけて御引受けします』西郷のこの一言で、江戸百万の生霊も、その生命と財産とを保つことが出来、また徳川氏もその滅亡を免れたのだ」

（『氷川清話』江藤淳・松浦玲編、講談社学術文庫）

要するに、きわめて器の大きい人物だったわけだ。その器の中に、「肚」と「情」がふんだんに盛り込まれていた。特に日本や東洋においては、知識や技術ではなく、こういう部分が人を惹きつけるのである。

では、そんな西郷はどんな思いで明治の新政府をつくろうとしていたのか。これについて、西郷の発言をまとめた『西郷南洲遺訓』（山田済斎編、岩波文庫）の中に、以下のような記述がある。

「命もいらず、名もいらず、官位も金もいらぬ人は、仕末に困るもの也。此の仕末に困る人ならでは、艱難を共にして国家の大業は成し得られぬなり」

命も名誉もお金もいらないという人間は、使う側から見れば扱いに困る。地位や報酬で釣ったり、脅したりしても動かないからだ。

つまりは、誰の言いなりにもならないということでもある。しかし、こういう私心のない人間でなければ国家建設という難事業はなし遂げられない、というわけだ。

ここから連想されるのは、宮沢賢治の「雨ニモマケズ」にある「アラユルコトヲ　ジブンヲカンジョウニ入レズニ　ヨクミキキシワカリ　ソシテワスレズ」という一節だ。

西郷は、これを地で行っていたのだろう。周囲にいる人が、そういう姿を見て感応しないはずがない。

仕事に使命感を持とう

ここまで極端ではないにせよ、西郷のようなリーダーは今日でも尊敬を集めるはずだ。管理職にしても、経営者にしても、「とにかく金儲けがしたい」という人はあまりいないし、仮にいたとしても周囲から軽く見られるだけだ。

自分のためにベストを尽くすとか、何らかの形で会社や社会の役に立ちたいという意思で動いた結果として、人望が厚くなってより高い役職に就いたり、大きな利益を得たりするのがふつうだろう。

私の大学時代の友人にも、まったく欲や野心というものを感じさせない男がいる。大手企業に就職した彼は、社内の先輩が困った状況に陥ったとき、それを助けるために異動を申し出たほどだ。おかげでエリートコースからは外れ、自身の給料も大幅に下がったが、それも厭わなかった。

だが、**こういう人物は、さすがに会社も周囲も放っておかない。**どの部署でも上司と部下から慕われ、いつの間にか出世街道に戻り、今やその会社の役員を務めている。どんな組織にいたとしても、彼は同じような道を辿ったことだろう。

もっとも、今の若者はもともとおとなしいから、入社早々から「欲も野心もない」という者もいるかもしれない。

しかし、それではいささか寂しい感じもする。若いうちは「将来は社長になりたい」「年収一〇〇〇万円を超えたい」「独立して世界を相手に活躍したい」などとギラギラしていたほうが、仕事に張り合いも出るだろう。

そうしてがんばっているうちに、「仕事をするのは地位やお金のためではない」ということに気づいていく。

例えばチームで一つの目標を達成するとか、社内外の人から信頼されるとか、部下を育てるとか、直接・間接的に社会の役に立つことにやりがいを感じるようになる。仕事に真摯に取り組んでいる人ほど、時間の経過とともにこういう心境の変化が生じるのではないだろうか。

それは、先の西郷の言葉に近づくということでもある。

日々の「艱難」に耐えるのは、地位や給料のためではない。**「国家の大業」には遠く及**

ばなくても、自分の仕事に使命感を持ちたい。そんな境地に達すれば、人望も自然と厚くなるだろう。

「何かを言ってもらうのは男性に、何かをしてもらうのは女性に頼みなさい。」

マーガレット・サッチャー（イギリス第七一代首相）

しがらみに囚われなかった「鉄の女」

概して政治家というと、男性が中心のようなイメージがある。世界史をアレキサンダー大王や始皇帝の時代から振り返ってみても、名を残すような有力政治家や権力者はたいてい男性だ。

しかし、そんなイメージを一気に覆したのが、「鉄の女」と呼ばれたイギリス初の女性首相マーガレット・サッチャーだ。

在職期間は一一年半にも及び、その間に「英国病」と呼ばれるほど長く低迷した経済に立ち向かった。

「サッチャリズム」と呼ばれる果敢な改革手法には賛否両論あるものの、反転の筋道をつくったことは間違いない。

女性が政治リーダーであっても何ら臆する必要がないこと、むしろより大胆な決断ができることを、サッチャーは世界に示したのである。

実際、自身も女性こそ政治リーダーに向いていると認識していたらしい。まだ下院議員だった時代に、ある講演で以下のように述べている。

「何かを言ってもらうのは男性に、何かをしてもらうのは女性に頼みなさい」

（「ウォール・ストリート・ジャーナル」電子版二〇一三年四月九日付）

これは政治の世界にかぎらず、またイギリスにかぎらず、あらゆる社会の男女に当てはまりそうな名言だ。

たしかにいざというとき、男性は口ではいいことを言いつつ、行動がともなわないことがよくある。その点、女性は「やる」と決めたらやり遂げる度胸と実行力がある。これについては、誰もが薄々感じていることだろう。

概して男性は、余計なことを考えすぎる傾向がある。周囲の評判を気にしたり、損得の計算をしたりしているうちに、動けなくなるか、動いたとしても遅くなるのである。

一方、女性の行動原理はやや違っていて、周囲や損得がどうであれ、事を進めるところがある。サッチャーはそれを見抜いていたわけだ。

「人の言うことをいちいち気にしない」

まして政治の世界では、さまざまな立場の人の利害関係が複雑に絡み合っている。そこに政治家個人の思惑や損得勘定が加わると、大きな選択を誤ることになりかねない。

地元や支持団体に利益を誘導することが、かならずしも国家の利益にならないことは常識だろう。

良心のある政治家ほどこの狭間で逡巡し、結局身動きがとれなくなる。あるいは、そうと知りつつ〝清濁併せ呑む〟姿勢こそ、政治家の度量とされたりする。

「地元のために汗をかいて何が悪い」と開き直る政治家も少なくない。

だが**サッチャーは、もともとそういう利害関係とは無縁のように見える。**

ごくふつうの家庭に生まれ、オックスフォード大学で化学と経済学を学び、政治家を志す。特定の誰かの意見を代弁するというより、新自由主義的な発想でイギリス経済を立て直したいという意志に突き動かされたのだろう。

だから、しがらみに囚われることなく、ときには猛烈な批判を浴びながらも、結局は改革を断行できたわけだ。

もしベースに本人の利害関係があったのなら、国民に大きな〝痛み〟を与える大手術だっただけに、たちまち頓挫していたに違いない。

サッチャー自身、首相退任から数年後のテレビ番組で以下のように述べている。

「人生は公平ではないので人の言うことをいちいち気にしてはいられません。自分の行いが原則と議論によって正当化され、国民に正しく伝わることが最も大切なのです」

（NHKオンライン「World Wave Tonight」二〇一三年四月一七日付）

この真っ直ぐな潔さこそ、サッチャーの最大の原動力であり、魅力だろう。政治家としてのタイプはまったく違うものの、〝私心のなさ〟という意味ではインドのマハトマ・ガンディーに近いといえるかもしれない。

なおサッチャーといえば、やはり記憶に残るのがフォークランド紛争だ。一九八二年、アルゼンチン軍がフォークランド諸島に上陸するや、ただちに軍隊を派遣し、約二カ月の戦闘を経て勝利した。その際、国民に向けて「われわれはけっして後戻りしない」と高らかに宣言し、低迷していた支持率を急上昇させたという。「行動する女性」「ブレない政治家」の面目躍如といったところだろう。

なせば成る　なさねば成らぬ　何事も成らぬは人の　なさぬなりけり

上杉鷹山（米沢藩第九代藩主）

藩主は〝公僕〟として尽くせ

江戸時代を代表する名君といえば、米沢藩主の上杉鷹山だろう。一七歳で第九代藩主になって以降、七二歳で生涯を閉じるまで（藩主は三五歳で退任）、ひたすら藩財政の立て直しに取り組んだ人物だ。

もともと上杉家は会津一二〇万石の領主だったが、関ケ原の合戦を経て米沢藩三〇万石へ減封された経緯がある。

だが家臣団をそのまま維持したため、その時点で財政は逼迫した。加えて三代藩主の急死によって継承問題が起こり、一五万石まで減封された。当時は各藩とも大なり小なり財政問題を抱えてはいたが、米沢藩は群を抜いて悪かったに違いない。

そこで鷹山は、まず「大倹約令」を発布して藩の支出を徹底的に削減。一方で新田開発とともに蚕業・織物業などの新産業をいくつも興し、収入増を図った。

武士にも自宅の庭で畑仕事をするよう命じたほどだ。また人材こそ藩の宝とばかり、広く資金を募って学校を設立し、身分を問わず子どもを学ばせた。これらの施策の結果、藩は借金を完済し、むしろ蓄財できるほどになったのである。

その鷹山の考え方がよくわかるのが、藩主の座を上杉治広に譲った際に書いた「伝国の辞」だ。それは、以下の三条からなる。

一、国家は先祖より子孫へ伝え候国家にして、我私すべき物にはこれ無く候
一、人民は国家に属したる人民にして、我私すべき物にはこれ無く候
一、国家人民の為に立たる君にて、君の為に立たる国家人民にはこれ無く候

国家も人民も藩主が私物化すべきものではない、藩主は国家人民のために存在するので

あって、その逆ではないというわけだ。いわば〝公僕〟として尽くすよう、藩主に覚悟を求めたのである。

こう書き記すということは、これまでの藩主や家臣の私心がどれほど藩の財政を傾けてきたか、ということでもあろう。以来、「伝国の辞」は上杉家の家訓として代々伝えられることになる。

「なせば成る」という伝統

そしてもう一つ、上杉鷹山といえば有名なのが、「なせば成る　なさねば成らぬ　何事も成らぬは人の　なさぬなりけり」の歌だ。「伝国の辞」とともに次期藩主に贈られたが、もともとは中国の歴史書『書経』の記述に由来しているらしい。

この歌から感じられるのは、「自分たちはできるのだ」という強い決意と確信だ。鷹山の原動力が、単なる義務感や使命感だけではなかったことがわかる。だからこそ、一連の困難な改革を成功に導けたのだろう。

実は今日のスポーツにおいても、これは重要な要素だ。「勝ちたい」ではなく、最初から「勝てる」「負けるはずがない」と思い込んでいると、ピンチに立っても動じず、最後に底力を発揮して勝つことがある。これを「勝者のメンタリティ」という。

とりわけ当てはまるのが、伝統のあるチームだ。どれだけメンバーが入れ替わっても、ずっと強い状態をキープすることはよくある。

典型的なのが巨人軍だ。「優勝を義務づけられている」などといわれるが、現実にそのようなルールはどこにもない。しかし、ほぼ毎年優勝争いに加わるし、二位以下になると「反省」の弁が聞かれる。

もともと戦力も随一だが、選手やスタッフの「栄光の巨人軍」「強くて当然」という強烈な自意識もそれを後押ししているのだろう。もちろん、どんなチームでも実績や伝統によってこういう傾向はあるものだが、そこにはグレードの差も存在する。

例えばサッカーのワールドカップに何度か出場しているナショナルチームは、「地区予選は突破して当たり前」というメンタリティを持ちやすい。それによって、堂々たる戦いぶりで本戦出場を決めたりする。

ところがそういうチームは、いざ本戦で「本戦で優勝を狙うのが当たり前」の強豪チームと当たると、腰砕けになって惨敗することがある。

もちろん実力差もあるが、本戦に出られたこと、また強豪と戦えたことで満足し、最初から気力で劣っていたりする。まさに〝気合負け〟〝メンタル負け〟するわけだ。同じ光景は、春夏の甲子園でも毎年のように見ることができるだろう。

つまりは、どれだけ強い「勝者のメンタリティ」を持てるかが、勝負の行方を大きく左右するということだ。これが伝統の重みというものである。

もう一つ、興味深いのはこういうチームと個人との関わり方だ。並のチームから「強くて当然」のチームに移籍した選手は、いつの間にかそのメンタリティを植えつけられる。**もともと本人の意識レベルが低かったとしても、実際に勝ち癖がつくことで自信を持ち、もっとがんばろうという気になれる。**その意味で、常勝チームはきわめて優れた教育機関であるともいえるだろう。

問題は、逆のパターンだ。常勝チームから並のチームへ移籍した選手は、当初は「強くて当然」の意識を持っていたとしても、いつの間にかチームに染まり、「勝てなくても仕方がない」と思いがちになる。

そしていつの間にか、並の選手になってしまうのである。プロ・アマを問わず、どんなスポーツでも、こういう事例は少なからずあるだろう。

この観点からも、鷹山がいかに偉大なリーダーだったかがわかる。もともと常勝チームにいたわけでもないのに、いきなり並以下のチームを率いることとなり、それでも「なせば成る〜」とメンバーを鼓舞し続けた。

莫大なエネルギーが必要だったことは間違いない。その言葉が家訓になり、また今日まで世の中に広く知られているのも、当然のことといえるだろう。

「なせば成る」。こう言い切れるのが、リーダーシップだ。

第 5 章

「情熱」が人を惹きつける

どうした！　まだ終わったわけじゃないぞ。

ジョゼ・モウリーニョ（プロサッカー監督、欧州チャンピオンズリーグ二回制覇）

名将はどこまでも熱い

現在、世界中でもっとも注目されるリーダーといえば、プロサッカーの監督だろう。選手たちのモチベーションを高め、対戦相手を分析し、戦略を練り、戦術を考える。試合中も指示を出し、ハーフタイムには修正を図る。そのリーダー像は、スポーツ界のみならずビジネス界にも影響を及ぼしているほどだ。

例えば英プレミアリーグのマンチェスター・ユナイテッドFCを率いた名将アレックス・ファーガソンは、ハーフタイムになると選手を怒鳴り散らすらしい。

所属していた香川真司選手も「あれほど怖い人だとは知らなかった」と感想を漏らしたほどだ。それによって選手に気合いを入れ直すのが、ファーガソンのリーダーシップのスタイルなのである。

そしてもう一人、常に注目を浴びるのが、マンチェスター・ユナイテッドFCの現監督を務めるジョゼ・モウリーニョだ。二回の欧州チャンピオンズリーグ制覇をはじめ、率いるチームをことごとく常勝軍団に仕立て上げた名将中の名将である。

さすがに、選手に対する気合いの入れ方も独特だ。やや古い話だが、例えばポルトガルのFCポルトの監督だった二〇〇三年、UEFAカップ準々決勝のホーム戦に0―1で敗れたときのこと。モウリーニョは落ち込んで引き揚げてきた選手たちに、こう声をかけたという。

「どうした！　まだ終わったわけじゃないぞ。いま、向こうの監督にも言ってきてやったばかりだ。ギリシャ（筆者注：対戦相手パナシナイコスのホーム）では絶対に巻き返してみせるとな。もし、セカンドレグは勝てない、準決勝に進めないと考えている奴がいたら、いますぐ出て行ってくれ。そんな奴とはギリシャで一緒に戦いたくない」

（『モウリーニョのリーダー論』ルイス・ローレンス著、タカ大丸訳、実業之日本社）

モウリーニョは本当に対戦相手のベンチに行き、タンカを切ってきたらしい。選手たちはこれで自信を取り戻し、ふたたび闘志に火をつけたという。

その後、チームはアウェーで勝利し、そのまま優勝を勝ち取った。さらに勢いは止まらず、チャンピオンズリーグまで制覇することになる。

FCポルトは、いわゆるビッグクラブではない。それでもビッグタイトルを取れたのは、選手たちの「自分たちは弱い」という心理的なブロックを解除した結果だろう。こういう熱い発破をかけられれば、たしかに心は揺さぶられるはずだ。

それに、**モウリーニョは基本的に選手を責めない。試合に負けたとしても、それぞれベストを尽くして戦った結果ならよしとする。**

その上で、まるでカエサルのように「われわれがかならず優勝する！」と宣言して選手を鼓舞するわけだ。

およそリーダーは、どれほどピンチに追い込まれても勝利への情熱を失ってはいけないし、またその姿勢をメンバーに示し続ける必要がある。私たちがモウリーニョから学ぶべきは、まずこの点だろう。

名監督の姿は「リーダーの教科書」

もっとも、メンバーに強い言葉を発することなら、どんなリーダーでもできるかもしれない。問題は、メンバーがそれを真摯に受け止めるかどうかだ。能力のない、もしくは信頼の置けないリーダーのセリフであれば、聞く耳を持たないだろう。その意味では、当初は監督としてのモウリーニョは、選手としてはまったく芽が出なかった。その説得力も足りなかったはずだ。

しかしFCバルセロナのアシスタントに就いて以来、勉強を重ねてアイデアを練り、少しずつ実績を積み上げていった。いわば叩き上げの監督だ。

だから選手からの信頼を勝ち取り、**「この監督にしたがっていれば勝てる」と確信を持たれるようになった。**それがますます好成績を生み、〝名将〟の地位を不動のものにしたわけだ。リーダーにとって理想的な好循環といえるだろう。

加えて、選手との心理的な距離がきわめて近い監督でもある。ゴールが決まると、選手以上に喜びを爆発させたりする。これは本人の気質によるものだろうが、選手とともに戦っている、というアピールには十分だ。

あるいは、ある選手の娘に問題が生じたとき、モウリーニョはこう言ってその選手を試合から外したそうである。

「そうか、すぐ家に戻れ。娘の側にいてやればいい。なにもかも解決してから帰ってこい」

（同書）

こういう心遣いも、大きな魅力だろう。戦略・戦術のみならず、選手一人一人の感情を理解する力にも長けているらしい。選手も意気に感じて、この監督とともに戦いたい、という気持ちになるはずだ。

一人のサッカーファンとしての私見ながら、プロサッカーの世界は、多くのスポーツの中でもとりわけ厳しい。それを観戦し、戦う気力を養い、月曜日からの仕事に備えるのが、正しい週末の夜の過ごし方ではないだろうか。

特に注目しているのは、試合の行方や選手個々人より、監督の姿だ。あらゆる試合について、勝敗の責任を負うのは監督である。

どんな作戦で臨み、どんな選手を起用し、試合中はどんな表情をしているか、興味が尽きない。さらに一シーズンを通して見たとき、その監督がいったいどういう運命を辿るのかも興味深い。**最終的に優勝しても、解任されても、その姿はリーダーシップの教科書になるだろう。**

先ず獣身を成してのちに人心を養う。

福沢諭吉（思想家、慶應義塾創立者）

日本人の向学心に火をつける

名門小学校として知られる慶應義塾幼稚舎の中心理念は、「先ず獣身を成してのちに人心を養う」。

これは福沢諭吉の『福翁自伝』に登場する言葉だ。まず獣のような身体をつくってから人としての心を養え、というわけである。

ここでいう「獣のように」とは、比喩ではない。

同じく福沢諭吉の『福翁百話』には「身體の発育こそ大切なれ」との項目があり、「子の産まれ出でたるときは人間の子も亦一種の動物なりと観念して其智愚如何は捨てゝ問はず唯その身體の発育を重んずること牛馬犬猫の子を養ふと同様の心得を以てして〜」と述べている。

したがって慶應幼稚舎では、徹底的に体育を重視する。エリート小学校とはいえ、頭でっかちな英才教育をしているわけではない。身体論を専門とする私としても、この考えにはおおいに共感するところである。

ちなみに、視聴率四〇％超えの大ヒットドラマ『半沢直樹』の演出を手がけた福澤克雄氏は、諭吉の玄孫だそうだが、小学五年からラグビー一筋で大学時代日本一にも輝いた。まさに「先ず獣身を成してのちに人心を養う」だ。

まずは身体をつくり、五感を磨き、いわゆる身体感覚が活き活きと働くようにすることが基本だ。そういう土台の上に心や知識が乗るからこそ、感性豊かな人間に育つのである。

それはともかく、もう一つ注目すべきは、**福沢諭吉の言葉選びの巧みさだ。**身体を鍛えることの重要さを「先ず獣身を成して〜」のようなインパクトのある言葉で表現し、学校のスローガンになるほど明快に打ち出した。人にメッセージを伝える手段としては、きわめて秀逸ではないだろうか。

同じことは、『学問のすすめ』についてもいえる。このタイトル自体、時代に即した優れたスローガンだ。

同書の初編が初めて世に出たのは明治五年で、最終となる一七編が出たのは明治九年。それぞれ一編につき約二〇万部、合計三四〇万部は売れたという。たいへんなベストセラーだったわけだ。

たしかに当時、欧米列強との文明の差を目の当たりにした日本人にとって、唯一の対抗策は個々人が学ぶことだった。

特に若者は「これからは学問の時代だ」「もう身分は関係ない」「勉強した者が偉くなる」とばかり、続々と上京して学んだ。『学問のすすめ』がその原動力になったことは間違いない。

「一身独立して一国独立す」とのストレートなメッセージは、彼らの背中を強力に押したはずだ。

稀代の〝フレーズメーカー〟

『学問のすすめ』の中には、他にも秀逸なフレーズが多数ある。

例えば、生活のために学問の道をあきらめる人がいることを嘆き、それによって才能を開花できないとすれば、本人にとっては悲しむべきことであり、天下にとっても惜しむべきであると説く。

その上で、以下のように言い切るのである。

「よく一家の世帯を計れば、早く一時に銭を取りこれを費やして小安を買わんより、力を労して倹約を守り大成の時を待つに若かず。学問に入らば大いに学問すべし。農たらば大農となれ、商たらば大商となれ。学者小安に安んずるなかれ」

福沢は、学問がすべて、とまでは言っていない。人の能力にはそれぞれ長短があるから、それぞれの道を目指せばよいという。

しかし、**その道で安んずることなく大成せよ**、と発破をかけているわけだ。「農たらば大農となれ、商たらば大商となれ」という言葉自体が、一つのフレーズとして迫ってくる気がしないだろうか。

あるいは同書の末尾は、「人類多しといえども、鬼にもあらず蛇にもあらず、ことさらにわれを害せんとする悪敵はなきものなり」として、さまざまな立場の人と積極的に交流することをすすめる。

そして最後の言葉は、「人にして人を毛嫌いするなかれ」。いずれも切れ味のいい、覚えやすい言葉である。特に人間関係に悩む人にとっては、「座右の銘」にしてもいいかもしれない。

福沢がこれほど巧みに言葉を操れたのは、漢文の素養があったからだ。加えて、オランダ語や英語を学び、それを日本語に訳す過程でも言葉のセンスが磨かれたに違いない。学問がいかに人をつくるか、自ら体現したともいえるだろう。

それによって、福沢は言葉の力で近代日本をリードした。ずっと在野の人間でありながら、慶應義塾の学生のみならず、多くの日本人を刺激し、希望を持たせ、向学心を高めた。そのリーダーシップは、おおいに讃えられるべきだろう。

「おまえには無理だって言われたことは、全部やってみたかった。」

マドンナ（歌手）

やりたいことをやる

いわゆる「アメリカン・ドリーム」を体現した人は数多くいるが、とりわけ象徴的な存在といえばマドンナだろう。またたく間にスターダムにのし上がり、今なお世界で活躍するトップスターであり続けている。

ファッションやパフォーマンスもさることながら、そのポジティブで自信に溢れた発言も注目の的だ。「自分のやりたいことをやる」という精神を徹底した結果、強い言葉を手に入れた感がある。

それがスターであり続ける原動力であり、また世界中のファンを惹きつける魅力なのだろう。例えば、以下のような発言がある。

「世界を支配したいわ。ひとつの新しい山を征服すると、また登りたい山が見つかるのよ。自分じゃどうしようもないの。ちょっと休憩して景色を楽しむべきかもしれないけれど、それができないのよ。どんどん前に進まなきゃ。なぜかって? さあね。なぜかは自分でもわからないわ。わかっているのはとにかくやらなきゃダメ、ってこと」
(『マドンナ語録』ミック・セントミッチェル監修、富原まさ江訳、ブルース・インターアクションズ)

こんな鼻っ柱の強さを、好ましく思わない人もいる。そういう人にかぎってマドンナを批判し、少しは黙らせようとする。

しかし、それがマドンナには通用しない。吹き飛ばして余りあるほどの加速度で突き進んできた感がある。

例えば、以下のような発言もある。

「誰かに認めてもらうことが人生の目的じゃない」
「おまえには無理だって言われたことは、全部やってみたかった」
（いずれも『マドンナ真実の言葉』エッセンシャル・ワークス編、橋本弘美訳、ディスカヴァー・トゥエンティワン）

一方では、その強烈な生命力自体が一つのモデルとなり、リスペクトの対象になっている。本人にリーダーの自覚はないだろうし、誰かを教育しようとも思っていないだろう。だが、**その姿を見て勇気づけられた人、自分も何かできるのではないかと思い立った人が、おそらく世界中にいる。**

その中には、活躍中のプロのアーティストも少なからず含まれるはずだ。衣装やコンサートの演出、アルバムのつくり方など、さまざまな影響を受けているに違いない。いわばアーティストのスタンダードをつくっているわけだ。その意味でも、リーダー的な役割を果たしているといえるだろう。

しかも、いつまでもチャレンジし続けている。かのニーチェは『ツァラトゥストラ』の中で、「超人を目指して飛ぶ情熱の矢」になれと説いた。いつまでも情熱を失わず、高みを目指して飛び続けようというわけだ。これはまさに、マドンナの姿そのもののように思える。

なおかつ「私は今、こういうふうに飛んでいるのよ！」と世界に向けて発信し続けているのだから、人を惹きつけて止まないはずである。

叩かれてもかまわない

もちろん、私たちにマドンナの真似はできない。だが、**マドンナ的要素を持つリーダーを目指すことはできる。**一つは、多少叩かれてもいいと覚悟を決めることだ。

特に最近は、打たれ弱いリーダーが多い気がする。叩かれる前から叩かれることを想像し、萎縮してしまうイメージだ。政治家にしても経営者にしても、ちょっとした批判で逃げ回ったり、判断を先送りしてしまうことがよくある。

たしかに開き直りや居直りも国民や社員に迷惑だが、あまり繊細なリーダーも困る。組織において矢面に立つことがリーダーの宿命だとすれば、ある程度の図太さや判断の早さ、生への執念があってしかるべきだろう。

まして新しいことを始めれば、たいてい何らかの批判を受ける。そのとき、「無理だと言われたからやってみたかった」ぐらいのことを言えれば、周囲からはどれほど魅力的に見えるだろう。

そう言えるか否かは、組織にとっても、本人にとっても大きな分かれ道になる。その意味では、才能よりも覚悟を決めることのほうが、リーダーとして成功の近道といえるかもしれない。

もう一つ、マドンナの特徴を挙げるなら、**典型的な〝叩き上げ〟**であるということだ。まったくゼロからのスタートで、コネもお金もなかった。自力で道を切り開いてきたという自信が、さらなる挑戦に躊躇の余地を与えないのだろう。

一方、政治家であれ経営者であれ、いわゆる二世や三世のように恵まれた立場でトップに立つ人も少なからずいる。

それ自体は、かならずしも悪いわけではない。親の経験を引き継げるし、組織の内外からも相応の信頼を得られる。

ただ往々にして、先代が偉大であればあるほど、引き継いだ者はその名声の維持に追われたり、無理に〝先代超え〟を目論んで組織に大損害を与えたりすることがある。つまり、経験不足や苦労不足から、大きな壁にぶつかりやすいわけだ。

そう考えると、やはり〝叩き上げ〟の人間がどんどんリーダーになっていく社会のほうが、活気に溢れるのではないだろうか。

かくすればかくなるものと知りながら已むに已まれぬ大和魂

吉田松陰（思想家、教育者）

「大和魂」とは、国を思う力

プロジェクトを成功させようと思うなら、リーダーにはある種の〝熱さ〟が必要だ。目標や意義を掲げたり、綿密な計画を立てたりすることも重要だが、それだけでは足りない。「どうしてもやり遂げたい」「苦労は覚悟の上」といった強い思いを語ることで、ようやく部下や周囲の人もその気になる。

単に理屈だけではなく、「精神」とか「魂」というものに人は惹きつけられるのである。

その典型例が、吉田松陰の残した『留魂録』（講談社学術文庫）だ。

投獄され、もはや処刑を待つだけの身になったとき、松下村塾の門弟に宛てて書いた〝遺書〟である。

その冒頭に記されているのが、「身はたとひ武蔵の野辺に朽ちぬとも留め置かまし大和魂」という辞世の歌だ。

身体はここで朽ちていくが、自分の大和魂は留めておくという決意表明であり、その遺志を門弟たちに引き継いでもらいたいという願望も込められている。

「大和魂」といえば、「かくすればかくなるものと知りながら已むに已まれぬ大和魂」の歌もある。

黒船への乗船を企てて失敗し、下田から江戸へ護送される際、泉岳寺の前を通過したときに詠んだといわれている。

その墓に眠る赤穂浪士に思いを馳せ、自らの心象を重ね合わせたらしい。こうなることはわかっていたが、「外国を見なければ日本は危うい」という猛烈な危機意識に突き動かされたというわけだ。

こういう発想も、実に松陰らしい。松下村塾において、松陰はけっしてカリスマ的でも高圧的でもなかった。

それを象徴するのが、『飛耳長目帳』の存在だ。門弟たちはそれぞれ、全国を旅して見聞きしたことをこのノートに書き留めることになっていた。それをもとに、全員でディスカッションするのである。

もちろん、『孟子』のような古典もテキストにしたが、座学だけでは終わらない。その知識や教えを現代にどう活かすかまで話し合う。**いわばケーススタディを繰り返すのが、松下村塾の授業スタイルだったわけだ。**

そのプロセスを通じて、魂も伝えた。松陰はしばしば「狂の人」と呼ばれる。だがそれは、「狂っている」という意味ではない。**一つのことに徹底的にのめり込む人、死にもの狂いで何かに取り組む人、というニュアンスだ。**

知識だけではなく、自ら考えて行動を起こすことを教え、また「志」や「熱くなること」の大切さを説く。稀代の熱血教師だったことは間違いない。

「生きて大業の見込みあらば、いつでも生くべし」

先の『留魂録』は、冒頭の歌のみならず、全一六節におよぶ文章も魂のこもった名文だ。とりわけ印象的なのが、死生観について述べた部分である。

「今日死を決するの安心は四時の順環に於て得る所あり」で始まるこの一節は、人間の生涯を四季になぞらえ、どれほど短くても、あるいは長くても、それぞれに季節の移ろいがあり、収穫があると説く。だから、わずか三〇歳で世を去ろうとしている自分も、「是れ亦秀実の時なり、何ぞ必ずしも哀しまん」と綴っている。

ただし、死に急ぐことを是としたわけではない。以前、松陰は獄中から高杉晋作に宛てた手紙の中で、「死して不朽の見込みあらば、いつでも死ぬべし、生きて大業の見込みあらば、いつでも生くべし」とも述べている。

もともと武士の本分とは長生きすることではなく、大きなことを成し遂げて名を残すことにある。その条件が死ぬことなら、いつ死んでも悔いはない。しかし逆に生きて成すことがあるなら、いつまでも生きよ、というわけだ。

当時の武士には、とにかく主君のために死ぬことこそ誠意の証と考える風潮があった。おかげで、死に急ぐことを厭わない武士も少なからずいた。その中にあって、松陰の発想は異色だ。ここに、教師としての松陰の顔が見て取れよう。

もちろん、ここでいう〝大業〟とは私利私欲を追求することではない。あくまでも国家や社会に尽くすことだ。その様子を克明に描写しているのが、司馬遼太郎の小説『世に棲む日日』（文春文庫）だ。全四巻だが、その前半の主人公は松陰である（後半は高杉晋作）。

この小説にうまく描かれているが、若き日の松陰は、もともと松下村塾を開いた叔父の玉木文之進から徹底的にスパルタ式の教育を受けている。

そこで学んだのが**「公と私であれば、かならず公を優先させるのが武士」**という教えだった。寝食を忘れたように勉学に励むのも、その一環だ。勉強中に寄ってきた虫を追い払っただけで、文之進に「私を優先するな」と投げ飛ばされた話は有名だろう。

その精神も、門弟たちに引き継がれた。桂小五郎（木戸孝允）や伊藤博文、山県有朋といった門弟たちは、長く生きて国家の〝大業〟を担うことになる。

彼らが明治維新とその後の近代国家づくりの礎になったことは、周知のとおりである。

明日何が起こるかわかってしまったら、明日まで生きる楽しみがなくなってしまうことだろう。

寺山修司（詩人、歌人、劇作家）

想定外こそが人生だ

「時代の寵児」と呼ばれる人はそのときどきにいるが、昭和三〇～四〇年代にかけての寵児の一人は、間違いなく寺山修司だった。

もともと短歌でずば抜けた才能を発揮していたが、それよりも「前衛的芸術家」として語られることが多かった。アングラ劇団「天井桟敷」を旗揚げし、ある種独特の寺山ワールドを世に問い続けたからだ。

あるいは小説家、エッセイスト、作詞家、映画監督などとしても多くの作品を発表している。さらには競馬やボクシングにも造詣が深く、これらに関する作品も多い。

特徴的なのは、常に既存のものではない、斬新なあり方を実験的に提示したこと、それもさまざまな表現方法をごちゃ混ぜにしながら、猛烈なスピード感で発表し続けたことだ。その〝異文化〟な刺激が、当時の若者を熱狂させたのである。

そんな寺山の生きざまを象徴するのが、以下の言葉だ。

「明日何が起こるかわかってしまったら、明日まで生きる楽しみがなくなってしまうことだろう」

（『あゝ、荒野』角川文庫）

私たち凡人は、「明日はいいことが起きますように」と願うのが常だ。今日と同じ明日であっても、悪いことさえ起きなければ満足する。

これに対し、寺山の発想はまったく逆だ。**いいことであれ悪いことであれ、とにかく何かが変化することを楽しみと思え、**というわけだ。寺山にとっては、むしろ何も変わらないことのほうが耐えられないのである。

例えば明日、自分の愛していたものが消えてしまうかもしれない。状況がガラリと変わって職場や生活の場を失うかもしれない。

しかし、そういう想定外の出会いの連続こそ人生である。そんな覚悟を決めたとき、初めて「生きる楽しみ」が本当の意味でわかるのではないか、というメッセージだ。

そういえば、寺山が作詞した『あしたのジョー』のテーマソングも、サビの部分は「あしたはきっと　なにかある　あしたはどっちだ」と歌い上げている。

けっして「明日はきっとよくなる」ではないし、「平穏無事を祈る」でもない。プラスであれマイナスであれ、「どっちでも来い」という覚悟が感じられよう。

これは、精神のあり方としてはきわめて強い。**あえてストレスの中に飛び込むようでありながら、実はあらゆるストレスから解放されるのではないだろうか。**

第二、第三の寺山の登場が、日本を救う

寺山といえば、「書を捨てよ、町へ出よう」のフレーズでも有名だ。これは当人によるエッセイ集であり、戯曲、映画のタイトルでもある。

最初に刊行されたのは一九六七年だが、それだけ当時は多くの人が本を読んでいたということだ。それはともかく、このタイトルが言わんとするところも、やはり新しいものや人に出会い、いろいろな経験をしようということだろう。

ところが現在、こういうマインドを持つ人は少ない。きわめて安全が保障された社会に慣れすぎたせいか、とにかく現状を維持しようという意識が強い気がする。それは、就職を目指す学生の大企業志向からも窺えることだ。

大きな仕事をしたいというより、大きな船に乗っていれば大丈夫という安心・安定を求めているように思える。また当の大きな船も、まだ安定航行を第一に掲げている感がある。過去二〇年間におよぶ停滞も、このあたりに原因があるのではないだろうか。

その点、例えば私が生まれ育ったのは街中の商店街だった。言い換えるなら、独立した小舟が寄り集まっていたわけだ。

個人で商売をしている以上、大企業に比べて経営は不安定だ。何かのはずみで、明日にでも傾く可能性はゼロではない。

だからこそ、いつも活気に満ちていた。**ある種の覚悟と緊張感が、日々の仕事に〝張り〟をもたらしていたわけだ。**これは、寺山修司の感覚に近いのではないだろうか。

あるいは今日でも、起業家と呼ばれる人は寺山的な感覚がなければやっていけないだろう。彼らは膨大な試行錯誤や失敗を乗り越えて、やっと事業を軌道に乗せられる。不測の事態を楽しむぐらいの余裕がなければ、とても続かないだろう。求められるのは、いわば「攻めの前衛的姿勢」である。

ただし、全員が起業家を目指す必要はない。どこかに寺山的な人が現れて、「明日もきっと何かあるぞ」と言いつつ「攻め」の姿勢で周囲を巻き込めば、周囲の人にとってはたいへんな訓練になる。

そこから、第二、第三の寺山的な人が育つかもしれない。あるいは、そういう人をサポートしようとか、あやかりたいと思う人も現れるかもしれない。そんな流れができれば、日本はもっと元気になるだろう。

予測不能の現実を楽しむ積極性がリーダーシップだ。

ただただ毎日、飢餓状態というか、足りないという感覚でいますから。

川久保玲（ファッションデザイナー）

トップランナーとしての矜持

「カウンターカルチャー」という言葉がある。既存のカルチャーに対抗する文化であり、音楽の中ではロックもその一種だ。

ファッションの世界にも、「カウンターファッション」のような存在がある。川久保玲さん率いるコム　デ　ギャルソンはその典型だろう。

黒を強調したデザインは、従来の女性らしさというものに反旗を翻している感がある。言い換えるなら、常に新しいものを生み出して戦ってきたということだ。

ファスト・ファッションのような服をコム デ ギャルソンに求めている人はいない。誰にも真似のできないような、独特の世界観を演出できてこそのブランドだ。一方、あくまでもビジネスだから、利益を出さなければブランドとして存続できない。

その意味で、デザイナーといっても唯我独尊の世界ではないわけだ。川久保さん自身も、しばしば「自分のやっていることは芸術ではない。あくまでもビジネス」といったことを明言されている。

おそらくファッション業界の時流はふつうの業界より速い。ひとたび成功したといっても、その〝賞味期限〟は短いだろう。一年に数回の発表の場で酷評されれば、たちまち厳しい状態に追い込まれかねない世界である。

その中にあって、いかにモチベーションを維持してきたのかといえば、まずはトップランナーとしての矜持だろう。例えば、以下のように発言されている。

「四六時中、何かを探していますね。それはコレクションのためだけじゃなくて、ショップごとの戦略や、会社が向かうべき方向性を決めるのもデザインのひとつだからです。全部ひっくるめて、ただただ毎日、飢餓状態というか、足りないという感覚でいますから」

（一月刊『PEN』二〇一二年二月一五日号）

もともと川久保さんはメディアの前で多くを語る方ではないため、世間に伝わる言葉は多くない。しかし、その言葉の一つ一つには、〝川久保印〟と呼びたくなるほどのカラーがある。

常にトップを目指し、妥協せず、しかもものごとをマクロな目線で捉えている。さすがに厳しくて移ろいやすい世界で戦っているだけに、一定の理念やコンセプトが張り付いているのである。

かの松下幸之助は、「大切なことは何度でも言って聞かせる必要がある」と語っていた。それによって経営者の意思と組織の方向性を〝同化〟させていくわけだ。

川久保さんの下にいるスタッフも、おそらくこういう言葉を間近で日々聞くことにより、その理念やコンセプトに染まっていくに違いない。それがブランドの個性や強さにもつながっているのだろう。

その言葉は目新しくはないかもしれない。しかし評論家の言葉とは違い、実社会のリーダーの言葉は、組織をまとめ、鼓舞するための武器になる。川久保さんの言葉からは、そういう言葉の力を感じるのである。

そこで私たちは、日常を振り返ってみる必要がある。**自身が発する言葉、あるいは身近にいるリーダーの言葉に、〝○○印〟と呼べるようなカラーはあるだろうか。**仮にないとすれば、そこにはまだ信念が足りないのかもしれない。

「どこかで見たことがあるようなものはダメ」

コム デ ギャルソンのコンセプトは、挑戦し続けることにある。

どんな会社組織であっても、基本的にこれは同じだろう。しかし挑戦するということは、相応のリスクをとることにもなる。それを恐れず、いかに組織として前向きの姿勢を保つかが重要だ。

それはリーダーもさることながら、その下で働くスタッフの力量も問われることになる。「仕事ができる」ということは、流れの速いビジネス状況下で、上手にリスクをとることを意味する。

私の知り合いの管理職者に「どういう部下が伸びると思う？」と尋ねたところ、やはり**「自分で責任を持ち、果敢に行動できる人、つまりリスクをとれる人」**とのことだった。

できるだけ責任から逃れようとする人、危険な状況をすべて回避しようとする人は、あまり見込みがないという。

ただ昨今の日本の場合、安全志向がかなり強くなっている気がする。とりあえず豊かに暮らせるため、内向きで動きが鈍くなり、野性味が減りつつある。

戦後から高度経済成長期にかけてなら、安全や安定を求める前に戦わざるを得なかった。しかし九〇年代初頭にピークを迎えて以降、いかに現状を維持するかに汲々としている感がある。

実はこの点については、川久保さんもかなり危惧されているらしい。

「一九九〇年代あたりから、強いもの、新しいものを求めるムードがなくなってきました。それがどんどんひどくなってきて、特にここ五年ほどは業界はすっかり内向きになってしまった。変化を求める気持ちも弱くなった。そんな流れの中で、私は『どこかで見たことがあるようなものはダメ』と自分を懸命に追い込んできました。ところが、それを理解して認めたり、着てみようと思ったりしてくれる人がだんだん減ってきたと肌で感じています」

（朝日新聞二〇一二年一月七日付）

社会全体が内向きだとすれば、リーダーがいくら発破をかけても「笛吹けど踊らず」になるかもしれない。ついにはリーダーもあきらめたり、活動の拠点を移してしまったりするおそれがある。

もっとも、経済が長く低迷したことの反省もあり、直近にかぎっていえば空気が少しずつ変化している気もする。

システムを組み直し、新しい需要を掘り起こし、世界の変化のスピードに慣れなければダメだという認識も浸透しつつあるのではないだろうか。そんな焦りにも似た雰囲気が、新たなリーダーを育てるという道筋もあるだろう。

第 **6** 章

メンバーと
目線を同じくする

ふざけるのと明るくやるのは紙一重だ。

長谷部誠（サッカー選手）

真面目で明るいチームをつくる

サッカー日本代表チームのキャプテンマークは、今のところ長谷部誠選手がもっともよく似合う。

カリスマ的にグイグイ引っ張るという感じではないが、とにかく真面目。その徹底ぶりは、しばしばチームメイトからジョークのネタにされるほどだという。それだけ人望も厚いということだろう。誰から見てもキャプテンらしいキャプテンだ。

こういう真面目なキャプテンの下では、メンバーは明るくなりやすい。**チームの中心軸**

が真面目に定まっていると、メンバーは安心して遠心力を使える。勢いよく暴れ回ることができるのである。

だがこれは、一歩間違えればチームとしてのタガが緩むことにもなりかねない。このあたりは、長谷部選手も苦労したらしい。

二〇一一年一月にカタールで開かれたアジアカップでのこと。初戦のヨルダン戦で日本代表は緊張感を欠き、辛うじて引き分けた。そこで次のシリア戦の前日、彼は選手全員を集めてミーティングを開き、以下のように語ったという。

「ふざけるのと明るくやるのは紙一重だ。若手が楽しくやるのはすごくいいと思うし、その持ち前の明るさを無くしてほしくはない。けれども、試合や練習の場ではふざけるべきではない」

（WEB GOETHE「HUMAN」）

これ以降、日本代表は五戦全勝し、同大会四度目の優勝を果たすことになる。「このミーティングが優勝へのターニングポイントだった」と語る選手が多いという。

およそスポーツのチームには、明るさが不可欠だ。しかしそれは、気の弛みも生みやすい。特に相手が格下の場合、「まあ大丈夫だろう」という雰囲気がチームに蔓延し、気がつけば大敗しているということがよくある。

かといって真面目の一点張りでは、雰囲気が固くなったり暗くなったりしてしまう。それでは当然ながら士気が下がり、力を発揮できなくなる。

そこで狙うべきは、「明るく」「真剣に」というゾーンだろう。両方とも揃えることが、強いチームの条件だ。

そういうチームをつくるのはリーダーの役割だが、一人ですべてを担う必要はない。雰囲気が「明るく」なるように盛り上げ役のメンバーを自由に泳がせる一方、ときどきリーダーが「真剣に」手綱を締めてバランスを取るのが理想的だろう。その意味で、長谷部は典型的なリーダーといえるわけだ。

沈んだ場では「がや」をつくれ

チームではないが、実は学校の授業も同じような課題を抱えている。

「真剣さ」が必要なことは言うまでもないが、そればかりを追求すると教室が暗くなる。

特に最近の学生はおとなしくて真面目なため、放っておくと気づまりなほど静まりかえるのが常だ。

私自身は「授業は明るくハードに」をモットーとしているため、自らテンションを上げて教室を盛り上げるよう努めているが、それだけでは限界がある。何かいい方法はないかと思っていたところ、過日、私の教え子の高校教師がヒントをくれた。

彼は、担任するクラス内に「がや部」を創設した。

「がや」とは、スポーツチームのベンチやバラエティ番組の雛壇から声を出す、いわば〝にぎやかし〟だ。一部の生徒をそのメンバーに指名し、とにかく声を出すように仕向けたのである。

例えば自分が教室に入ったとたんに「よっ、待ってました！」と手を叩いたり、誰かの発言に対して「そのとおり！」「いいよ！」と合いの手を入れたり、といった具合だ。それによって誰もが勇気を得て発言するようになり、教室は思惑どおり明るくなったそうである。

私は彼を大学に招き、教職を目指す学生の前で説明してもらい、その教室でも「がや部」をつくって効果を実感した。たしかに「がや」があると、場の雰囲気は明るくなる。発言した者の気分もよくなる。

一方で的外れな「がや」が飛ぶと妙な空気になるから、飛ばす側もセンスを問われる。だから騒々しい中にも、一定の緊張感が残るわけだ。

その意味では、歌舞伎の「大向う」による掛け声に近いかもしれない。勝手に言いたいことを言うのではなく、タイミングを見計らって的確な言葉をかける。それによって、**場は盛り上がるが、ふざけているわけではないというギリギリの線**を狙うのである。

まして職場の場合、チームとしての活気が求められるはずだ。それには、上司自身が無理をしてテンションを上げるより、あるいは個々人の資質に頼るより、意図的に「がや」を増やすほうが手っとり早い。そういう演出をするのも、上司の重要な役割だ。

例えば会議などで、積極的に「なるほど!」「いいね!」などと合いの手を入れるメンバーをあらかじめ決めておく手もある。

わざとらしくなっては逆効果だが、まさに「大向う」のように、大人らしい声のかけ方というものがあるはずである。

「南場さんについていきます、と言われたら、全力で断る。」

南場智子（実業家、DeNA創業者）

「柔」で人を惹きつけるリーダー

一般に「リーダー」というと、先頭に立って「俺について来い」と言えるようなカリスマ的な人物を想像しやすいかもしれない。実在の人物でいえば、馬上で指揮を執るナポレオンや織田信長のイメージだ。

しかし、こういうイメージはかえって自信喪失につながる。誰もナポレオンや信長の真似はできないからだ。特に昨今の大学生は、最初から「自分はリーダーには向いていない」とあきらめ気味の者が少なくない。

リーダーにカリスマ性や人を惹きつけて止まない人間的魅力を求めるなら、たしかに永遠になれないだろう。

それに対し、まったく違うリーダー像を私たちに教えてくれているのが、DeNA創業者の南場智子さんだ。例えばベストセラーになった『不格好経営』(日本経済新聞出版社)には、以下の記述がある。

「南場さんについていきます、と言われたら、全力で断る。自分を誰かに従属させたり、誰かひとりに惚れ込んで進路を決めたりするのはやめたほうがよい。ついていきたいなどと思ったリーダーがよくよく知るとたいした人でないことが多いし、何より、人は人についていかないのだ」

「管理職かメンバーのひとりかというのは、上下関係ではなく役割の違いだ」

押しの強い男性型リーダーを「硬」とすれば、南場さんは和を重視する「柔」のリーダーといえるだろう。こういうリーダーの下にいる部下は、リラックスして仕事に臨めるはずだ。

およそ日本の会社の会議は、積極的に発言をする人が少ない。それは発言によって上司の不興を買ったり、余計な責任を持たされたりすることを恐れるからだ。これは個々人の性格というより、場の雰囲気がそうさせているのである。

しかし、**その場を仕切る上司が「柔」の雰囲気をつくれば、誰もが「何を言っても受け止めてもらえる」と思えるようになる。つまり安心して発言できるから、議論も活発になりやすいのである。**

「柔」ばかりではない。リーダーの役割として南場さんが重視するのが、「意思決定」だ。それも「継続討議」にしないことがきわめて重要という。

意思決定には勇気が必要であり、迷うことも多いが、それによって決定が遅れれば他の作業にも影響を及ぼす。だから「『決定的な重要情報』が欠落していない場合は、迷ってもその場で決める」（同書）と述べている。

柔らかい人間関係をつくりつつ、意思決定はズバズバと行う。もともと経営者としてのあり方について像を持っていたわけではなく、日々の中で学ぶことも多いという。これも一つのリーダー像だろう。

「リーダーはかくあるべし」という固定観念から、私たちはもう少し自由になってもいい。

それによって、自分がリーダーになることについてのイメージも広がる。

「穴だらけの船」だから優秀な人材が集まる

もう一つ、南場さんがたいへん力を入れているのが「採用」であるという。より優秀な人材を求めるのはどの会社でも同じだろうが、その方法がユニークだ。

「自分たちの会社を『豪華客船』のように伝えて、『ここに来てくれたら、こんなおもてなしをします』と言っても、才能や突破力のある優秀な人たちには響かないのです。それよりも、『この船は穴だらけなので力を貸してください』と頼むと、気概のある人が多いので、『それなら一肌脱ごう』と手を差し伸べてくれました」

(『週刊ダイヤモンド』二〇一三年七月一三日号)

採用面接はいわばお見合いのようなものだから、自社をわざわざ「穴だらけ」などと表現する面接官はまずいない。

もっとも、たしかに相手の実力を見込んだ上で「助けてくれ」と声をかけると、能力の高い人ほどやりがいを感じるかもしれない。場合によっては、給料が下がってでも応じようとする人もいるだろう。

南場さんはもともとマッキンゼーの経営コンサルタントだった。『不格好経営』によれば、当時はさまざまな企業と接するにつけ、「自分が経営者だったらもっとうまくできる」と思っていたらしい。

もっとも、それは「愚かなおごり」だったという。経営は、外部から見るのと自分で行うのとでは大違いだったそうである。

私自身、経営に携わったことのない人が「経営コンサルタント」の肩書で数千万もの収入を得ていることを、前々から疑問に思っていた。私の知人にも経営コンサルタントはいるが、彼の場合は大小二〇程度の会社経営を行ってきた経験がある。

これならさまざまな業界の事情にも詳しいからコンサルタントの役割も果たせるだろう。しかし、例えば大学院に行ってＭＢＡを取得しただけで、経営コンサルタントが務まるとは思えない。

おそらく『不格好経営』というタイトルにも、机上の格好いい理論なんかで経営ができるか、という意味が含まれているのだろう。

人は城、人は石垣、人は堀、情けは味方、仇は敵なり

武田信玄（武将、戦国大名）

戦国版「企業は人なり」

「企業は人なり」などとよくいわれる。当たり前の話で、誰も否定する人はいないだろう。ところが現実には、人を大事にしないケースが少なくない。この点も、誰もが大なり小なり日々実感しているに違いない。

そこで、もう少しインパクトのある言葉を求めるなら、武田信玄の「人は城、人は石垣、人は堀、情けは味方、仇は敵なり」を肝に銘じてみてはいかがだろう。

周知のとおり、信玄と勝頼が活躍した当時の武田家の軍学を記した『甲陽軍鑑』に登場

する言葉だ。『甲陽軍鑑』自体は信玄の死後に書かれたものであり、創作の部分も多いらしい。しかし、「戦国最強の武将」といわれる信玄が城らしい城を持たず、簡素な館に住んでいたことは有名だ。

実際に発言したかどうかはともかく、「人は城〜」を実践していたことは間違いないだろう。その意味で、この言葉には重みがある。

たしかに、どれほど堅牢な城を築いても、必死に守ろうとする兵士がいなければ、あっさり陥落してしまうだろう。**現代の組織も同様、立派な組織図やシステムをつくっても、まして立派な社屋を建てても、そこで働く人にとって居心地が悪ければ意味がない。**

いわゆる〝制度疲労〟を起こしたり、組織の硬直化や縦割りによる非効率といった事態を招くことはよくある。

だからといって制度をゼロから見直すことも難しいだろう。ポイントは、状況に合わせて換骨奪胎していくこと。方向性だけは残し、骨を取り替えたり、子宮を奪《と》ったりして生まれ変わらせていくわけだ。

あるいは制度そのものは存続させ、運用方法を変えることでうまく行くこともある。

実は一般的な法律というものも、意外に柔軟にできている。ガチガチにルールを定めているわけではなく、運用者がそのときどきの状況に応じ、ある程度幅を持たせて解釈できるようになっているのである。そういう鷹揚さが、組織の制度にも必要だろう。

例えば、かつて城山三郎が『官僚たちの夏』（新潮文庫）で描き出した時代の通産省官僚は、日本の企業・産業をどう育て、どう守るかという課題に果敢に取り組んでいた。日本経済がまだ弱かったため、しかるべき政策を立てなければ、とても外国企業・外国製品に太刀打ちできなかったからだ。いわば官民一体となって、日本経済全体のシステムをつくり上げたわけだ。

当時の官僚にとってシステムは自らつくるものであり、したがって官僚の果たす役割はきわめて大きかったと思われる。当然、個々人も「自分たちが日本を支えているんだ」ぐらいの気概を持っていたはずだ。

それに対して今の官僚は、こうしてつくられた過去のシステムに縛られている感がある。なかなか現状に対応できず、その狭間で息苦しい思いをしているようだ。だとすれば、健全な状態とはいえないだろう。

もっとも強いのは「情」でつながった組織

官僚組織ほど大きな話ではなく、例えば六、七人のチームにしても、制度は柔軟なほうがいい。新しいメンバーが加わるたびに、そのメンバーの力を発揮しやすいようフォーメーションを変える、といった工夫は欠かせないはずだ。

それは個々人の働きやすさを追求するというより、連携のしやすさ等を考慮して総合力を高めることを指す。「人は城～」とは、そんな姿を指すのだろう。

ちなみにチームスポーツの場合、チームづくりには大きく二つの段階がある。まず、監督の考えるシステムに選手を慣らしていくことが第一段階。その上で、有力選手に力を最大限発揮してもらえるよう、システムを微調整するのが第二段階だ。

選手一人一人の適性を前提としているわけで、これはきわめて現実的な方法といえるだろう。言い換えれば、ここが監督の腕の見せどころである。

それはともかく、人に気持ちよく働いてもらうために必要なのは、システムだけではない。「情けは味方」とあるとおり、人としての「情」の部分も必要だ。むしろこれさえあれば、システムの不備も補って余りあるかもしれない。

かつて私がお世話になったある先生も、「自分たちは情で動いている」と断言されていた。

一歩間違えれば依怙贔屓や馴れ合いにもつながるが、たしかに私たちは「お金のため」より「誰かのため」のほうががんばれる。会社組織であっても、そういう意識で結ばれた集団は強いはずだ。

私の実家も中小企業を経営していたが、まさに「情」が原動力だった。

例えば、社員の子どもが学校に入学したら全員でお祝いを贈る、出張に行ったら菓子折りを買ってきて全員に配る、ちょっと大きな仕事が終わったら全員で飲みに行く、休日には家族ぐるみでどこかへ遊びに行く、といった具合だ。

もちろん、何かミスをしたからといって給料を下げたり、その仕事から外したりすることもなかった。いわゆる「家族的経営」を地で行っていたわけだ。それで全員がイキイキと働いていたし、業績が落ち込むこともなかった。

「情」は数字で評価できるものではない。「仲良しクラブ」では仕事はできないという見方もあるし、こういうつながりを煩わしいと感じる人もいる。

しかし結局、いざというときにどれだけ組織が底力を発揮するかは、「情」の濃さによって決まってくるのではないだろうか。私は、そう信じたい。

「君たちは勝ち負けを一切気にしなくていい。勝ち負けは俺の責任だ。」

仰木彬（プロ野球選手、監督）

選手を重圧から解放した「マジック」

プロ野球の世界に「名将」と呼ばれる監督は少なからずいるが、仰木彬も間違いなくその一人だろう。監督在任期間は都合一四年におよび、チームをAクラスに一一回、リーグ優勝に三回、日本一に一回導いている。

この戦績だけでもすごいが、その最大の特徴は選手の扱い方にある。風貌どおりの〝親分肌〟で、試合や練習では厳しいものの、セオリーどおりの枠にはめようとはしなかった。野茂英雄の「トルネード投法」やイチローの「振り子打法」を容認したことからも、それは窺えるだろう。

あるいは、毎日のように打線を組み換える「猫の目打線」も話題を呼んだ。対戦投手との相性や選手の能力・調子を見きわめて判断していたらしいが、それだけ監督の負担が増えるということでもある。

いずれにも共通するのは、**選手に余計なプレッシャーをかけない**ということだ。監督自身、例えば一九九四年の開幕前日に選手を集め、以下のように述べたという。

「君たちは勝ち負けを一切気にしなくていい。勝ち負けは俺の責任だ。その代わり、試合に出たら自分のベストを尽くせ。俺は良い結果を出した選手は必ず使う。結果を出さない選手は使わない」

（『Number』七八二号、二〇一一年七月七日）

これは、「面倒なことはすべて俺が引き受けるから、お前たちは自由にやれ」という宣言のように受け止められる。

選手にとっては、究極的に安心できる言葉だ。「絶対に勝とう」とか「チームに貢献しろ」

と叱咤激励リーダーはいても、こう言い切れるリーダーはあまりいないだろう。

そのせいか、仰木監督が率いたチームには球史に残るようなゲームが多かった。「メイクドラマ」といえば長嶋茂雄の専売特許だが、「仰木マジック」も負けず劣らずドラマチックだ。

例えば一九八八年一〇月一九日、近鉄バファローズの監督としてロッテオリオンズと戦ったダブルヘッダーもその一つ。二試合に連勝すればリーグ優勝が決まるという状況下で、第一試合は辛勝するものの、第二試合は延長戦の末に時間切れ引き分けとなって優勝を逃す。しかし、その死力を尽くした激闘ぶりは今でも語り種になっている。

しかも翌八九年には、まさに前年の雪辱を果たすように、終盤で大逆転劇を演じてリーグ優勝をなし遂げた。ちなみに日本シリーズで巨人と戦い、三連勝の後で四連敗して日本一を逃したのもこの年だ。

あるいは阪神・淡路大震災に見舞われた一九九五年には、「がんばろうＫＯＢＥ」を合い言葉にオリックスブルーウェーブを率い、見事に優勝へ導いた。前年まで五連覇していた常勝軍団の西武ライオンズを打ち破っての勝利だけに、印象もひとしおだ。

チームを〝野武士化〟させる

いずれにしても、仰木監督の下で働く選手はのびのびとプレーしているように見えた。「この監督に任せれば大丈夫」という安心感と、「結果さえ出せばいい」という自主性のなせる業だろう。

実際、特に当時の近鉄はしばしば「野武士野球」と称された。よく管理されたエリート集団がチームプレーに徹するというより、個性豊かな選手がそれぞれの仕事をする、といったイメージだ。

おそらくそれは、もともと近鉄が野武士的な選手ばかり集めたためではない。監督自身が元祖野武士軍団と言うべき西鉄ライオンズ出身だったこともあるが、その特異なキャラクターがチームに反映されていたように思う。**そういうチームに加わると、どんな選手でも〝野武士色〟に染まるのである。**

これは、会社組織にも当てはまる話だ。特にこれからの時代は、個々人がもっと野武士化するような組織が求められるだろう。

それぞれが自分の考えと責任を持って動き、なおかつ上司がそれを取りまとめるという形が理想だろう。

少なくとも、上司がお気に入りの部下ばかりを重用し、部下が上司の顔色を窺ってばかりいるような組織では強くなりようがない。

それを決めるのは、多分に上司の力量だ。気骨のある部下を求めていれば、そういう人材が育つようになる。まずは部下に対し、覚悟を決めて「結果の責任は俺が取る。ただしベストを尽くせ」と言えるかどうか。それが試金石となるだろう。

「物理が化学を、化学が物理をやってもいっこうにかまいません。」

大河内正敏（物理学者、理化学研究所第三代所長）

職場を「楽園」に変える

「科学者の楽園」と呼ばれた研究所がある。多数の天才を輩出し、発明・発見の舞台となったことでも知られる理化学研究所だ。

「楽園」の所以は、採算や実用性などに囚われず、研究員それぞれが自由闊達に研究できる環境にある。その礎を築いたのが、物理学者で第三代所長の大河内正敏だ。

渋沢栄一によって一九一七年に設立された同研究所には、長岡半太郎、鈴木梅太郎、寺田寅彦、湯川秀樹など、錚々たるメンバーが在籍していた。

ただ、設立当初は物理学部門と化学部門の間で対立があったらしい。この二つは科学の二大分野であり、お互いに交わることがなかった。

その状況を変えたのが、三代目の所長に就任した大河内だ。

従来の物理部・化学部を廃止するとともに主任研究員制度を新設し、**研究内容や予算や人事などすべての権限を主任に委ねることにした。**

さらに、週に二～三度は所内をくまなく回りながら、先々の研究室で「研究テーマは自由です」「物理が化学を、化学が物理をやってもいっこうにかまいません」と声をかけたそうである（『「科学者の楽園」をつくった男』宮田親平著、日経ビジネス人文庫）。これが、理研の自由な精神を象徴しているといえるだろう。

あるいは、ある研究道具を買いたいと申し出た研究員に対して「買うなら、いま日本で買えるいちばん良いものを買いなさい」と答えたり、「本は家でも読める。研究室で読むな。実験施設があるのだから実験をやりなさい」「あまり文献を読みあさると、独創力が鈍る。なんでもやってみることだ」などとも述べている。

とにかく研究員の自由闊達な研究を支援する姿勢に徹していたようだ。

その雰囲気について、同研究所から「アルマイト」を生み出した研究員の一人・宮田聡は以下のように述べている。

「われわれはなにかを発明しようとか、業績をあげようとか、そういう目的を初めから設定することなく、研究自体に身を沈めて楽しむというか、自由に味わうというか、そういう境地で研究できたということが非常によかった」

（同書）

制度ではなく精神をつくる

もちろん、自由の裏側には責任もあるはずだ。抜群の環境で研究を続けながら何も成果を出せないとなると、さすがに追い込まれた気分になるはずだ。まして、隣の研究室が画期的な発見で沸き立っているとすれば、自ずと競争意識も芽生えるだろう。

それが研究の品質を保証し、また独創性を志向する原動力になっていたかもしれない。その意味でも、科学者にとって理想的な環境といえるだろう。

その成果は、利益の形でも現れている。大河内は、同研究所の発明・発見を事業化するために「理化学興業」を設立し、初代会長に就任した。同社はしだいに事業を拡大し、戦前の一時期は一大コンツェルンを形成するに至る。

戦後、GHQの財閥解体の指定を受けて解散させられたほどだから、いかに大きな収益を上げていたかがわかる。それによって、同研究所は潤沢な資金を確保していたわけだ。当時、研究員の自由度はより増したに違いない。

つまり大河内は、**理研の初期段階において、制度というより精神をつくった**わけだ。自由な雰囲気をつくりつつ、かといって放任するわけではなく、個々人に責任を持たせて競争させる。発破のかけ方としては、たいへん興味深い。

リーダーとしてその場の精神をつくるには、まず本人が精神を体現する必要がある。自由闊達を広めたいなら、自身が自由闊達に振る舞わなければならない。

その上で言葉にするからこそ、周囲の人は意識を改め、場の雰囲気も変わってくるわけだ。逆にいえば、何らかの精神を持たないリーダーは、リーダーとしては弱いということになる。

特に日本人の場合、「自由にやれ」「独創性を大事にしろ」と説いても、なんとなく小さくまとまってしまう傾向がある。

その殻をいかに破らせるかが、リーダーの腕の見せどころだ。自ら破ってみせるのが理想的だが、それが難しいなら、殻を破れそうなメンバーを積極支援するという手もあるだろう。

予は常に諸子の先頭に在り。

栗林忠道（大日本帝国陸軍大将、硫黄島守備隊総指揮官）

部下とともに戦うリーダー

「硫黄島の戦い」といえば、太平洋戦争末期の激戦として知られる。C・イーストウッドが映画『父親たちの星条旗』『硫黄島からの手紙』で描いたとおり、日米双方が多大な戦死者を出した壮絶な戦闘だった。

すでにこの当時、米軍は太平洋一帯の制空権・制海権を持ち、戦力も物資も日本を圧倒していた。硫黄島についても、当初は五日もあれば制圧できると考えていたらしい。

ところが現実には一カ月以上を要し、戦死者の数は日本軍を上回った。その大きな要因が、日本軍を指揮した栗林忠道大将にあったことは言うまでもない。

米軍にとって、硫黄島は日本本土を攻撃するための拠点になる。逆に日本軍から見れば、硫黄島での戦いを少しでも長引かせることで、本土攻撃を遅らせることができる。そこで栗林が目指したのは、**徹底したゲリラ戦**だった。**縦横に塹壕を構築するとともに、自決や〝バンザイ突撃〟を禁じた。**

戦争にかぎらず、しばしば日本人は〝玉砕〟を好む傾向がある。ある程度がんばった後、「ここから先は思いっきりやろう」と開き直り、あっさり負けてしまうのである。

これは一種の思考停止または思考放棄だろう。精神的に強いように見えて、実は脆いだけである。「勇気」というよりも、「蛮勇」でしかない。

もちろん作戦上の理由もあっただろうが、それを禁じた栗林の思考はさすがに停止していなかったということだ。自軍の状況はもちろんのこと、米軍の力量も把握し、できるだけ負けない戦い方を模索したに違いない。

ただし、いくら作戦立案が立派でも、部下が従わなければ意味がない。逆にいえば、栗林には部下を惹きつけるリーダーシップがあったということだ。

それを端的に示すのが、いよいよ劣勢に立って最後の総攻撃を仕掛ける際、全軍に発した「予は常に諸子の先頭に在り」の一言だろう。

実際、先頭に立って攻撃を指揮し、被弾して落命したと伝えられている。ただし、もちろんバンザイ突撃ではなく、できるかぎり米軍にダメージを与えるために周到に計画された夜襲だった。

およそ戦闘というと、総大将には最後尾の安全な場所で戦局を見守るようなイメージがある。実際、指示を送る者がいなくなれば、組織はバラバラになるはずだ。

しかし前線に立つ兵士にとっては、総大将が本当に指揮のために後方にいるのか、それとも保身のためなのか疑いたくなるかもしれない。もともと勝ち目のない一戦であれば、なおさらだろう。

その点、リーダーが先頭にいれば疑いようもない。実際、例えばユリウス・カエサルやナポレオンは文字どおり先頭に立って軍隊を率いた。

その勇気と気概が兵士を鼓舞したに違いない。栗林も、そういうリーダー像に近かったのだろう。

軍人は誰がリーダーであれ、その命令に背くことは許されない。しかし、義務感や恐怖感から仕方なく戦う場合と、「このリーダーと一緒に戦いたい」「このリーダーの下でなら死んでもいい」と思って戦う場合とでは、自ずと士気も違うはずだ。

「知仁勇」の人

もちろん、栗林の人となりを表すのは、この言葉だけではない。ふだんから偉ぶることなく、誰とでも気さくに話し、硫黄島では食事も水も他の兵士たちと同じ量しか摂らなかったという。

死しか残されていない兵士への無念の思いは、有名な辞世の句「国の為重きつとめを果たし得で矢弾尽き果て散るぞ悲しき」にも表れている。

また、かつては武官としてアメリカに駐在した経験もあり、米軍のみならずアメリカ社会の事情にも詳しかった。そのせいか、日米開戦には反対の立場だったという。

ここで思い出されるのが、『論語』に登場する「子曰わく、知者は惑わず、仁者は憂えず、勇者は懼れず」(子罕第九)だ。

略して「知仁勇」と呼ばれ、人間が身につけるべき三つの徳とされている。もともと孔子は、社会のリーダーを育てることを目的としていた。つまり「知仁勇」とは、リーダーの資質そのものといえるだろう。

その点、栗林はいずれも持っていた。**冷静な頭脳と幅広い知識を持ち、部下（兵士）への思いやりや優しさを忘れず、そして先頭に立つ勇気も持つ。**多くの兵士が惹かれたのは、当然かもしれない。

こういう姿勢は、もちろん現代のリーダーにも求められよう。チームの調子がいいときに、わざわざリーダーが先頭に立つ必要はない。問題は調子が落ち、メンバーが自信を失いかけたり、周囲からの批判に晒されたりしたときだ。

この期に及んでなお〝本陣〟に留まっていたり、まして誰かに責任を押しつけて逃げたりしたら、たちまち信用を失うだろう。

文字どおり〝矢面〟に立ち、自ら強い風を受けつつメンバーを鼓舞したり守ったりするぐらいの気概を持つ必要がある。

これが「知仁勇」の「勇」だ。

あるいは当然ながら、知識や経験に基づいた方針を提示することで、部下は安心してしたがえるようになる（「知」）。部下の教育のために仕事を任せたり、相応のコミュニケーションを図るような配慮も必要だ（「仁」）。

実際のところ、世の中には「こういうリーダーの下でずっと働きたい」とか「このリーダーの役に立ちたい」と多くの部下に思わせる上司もいれば、「なるべく関わり合いたくない」「早く異動したい」と思われている上司もいる。

もちろん性格や相性の問題もあるだろうが、多くの場合、両者の差は「知仁勇」をどれだけ持っているかで生じるのではないだろうか。

つまりは、人の上に立つ人ほど「徳」を磨かなければならないということだ。

是レ臣ノ黙止スルコト能ハザル所ナリ。

田中正造（政治家、社会運動家）

弱者の声を代弁

経済の発展を優先させたために、一部の人が割を食うという図式は少なからずある。環境破壊やそれにともなう公害病などは、その典型だろう。昨今は環境意識の高まりとともに話題にのぼることも少なくなったが、高度成長期にはまさに茶飯事だった。さらに源流を辿れば、足尾銅山の鉱毒事件に行き着く。

この日本初の大規模な公害問題を告発したのが、田中正造だ。

衆議院議員だった田中は、徹底的に割を食う側に立って戦った人物として知られる。とりわけ世間を騒がせたのは、議員を辞職して天皇への直訴を試みたことだ。
「草莽ノ微臣田中正造」に始まる直訴状は、新聞記者だった幸徳秋水が書いた原稿に正造が手を入れて完成させた。足尾銅山から生じる鉱毒が茨城、栃木、群馬、埼玉の四県の住民に甚大な被害を及ぼしていることを訴え、国会で質問してももはや取り合ってもらえない現状を嘆く。そしてもはや天皇に頼るしかないとして、以下のように綴るのである。

「嗚呼四県ノ地亦陛下ノ一家ニアラズヤ。四県ノ民亦陛下ノ赤子ニアラズヤ。政府当局ガ陛下ノ地ト人トヲ把テ如此キノ悲境ニ陥ラシメテ省ミルナキモノ、是レ臣ノ黙止スルコト能ハザル所ナリ」

「この四県の民は、天皇陛下の家族であり、子どもではないでしょうか。政府が、陛下の地と人を苦しめているのを私は見過ごすことはできません」といった意味だ。
結局、直訴は失敗に終わるが、この情熱にあふれる文章は世間に衝撃を与えた。例えば当時、盛岡中学の生徒だった石川啄木は、自身の思いを「夕川に葦は枯れたり血にまどふ民の叫びのなど悲しきや」という歌にした。

あるいは翌日の『読売新聞』は、「（前略）財産を棄て名誉を棄て妻子を棄て朋友を棄て政党を棄て議員を棄て、遂には己を棄てて一身を鉱毒事件の犠牲に供したる田中正造は、昨日ついに恐れ多くも議院より遷幸の御通路に拝跪して輦下に直訴するの非常手段をとるに至れり」と好意的に報じている。

結局、政府の対応は後手に回り、鉱毒の被害を止めることはできなかった。

だが問題点が世間に知れ渡り、また地域住民も集団となって運動を起こすようになった。その意味で、正造の一連の行動の価値は計り知れない。

ほぼ生涯をかけて鉱毒事件と戦ったその姿は、中間リーダーの鑑といえるだろう。全体がある方向に進もうとするとき、それによってプラスよりマイナスを多く被る一群はかならずいる。

そこに議論が生まれ、何らかの解決策を探るのが筋道だ。しかし、社会的な立場が弱いために声を上げられない場合もある。

その結果、世間も「全体の利益のためなら、一部の犠牲はやむを得ない」とか「反対するのは抵抗勢力」といった考えに偏りがちになる。あるいは最上位のリーダーも、彼らの窮状を知らずに決断するおそれがある。これでは、彼らは浮かばれない。

またそういう不満が溜まっていくと、やがて全体にも大きなマイナスとなるかもしれない。そうなる前に、**彼らの声を吸い上げて代弁する**のが中間リーダーの役割だろう。

部下とのコミュニケーションの「回路」をつくれ

一つの会社組織でも、全体の利益のために一部がマイナスを被ることはよくある。典型的なのはリストラだが、そこまで行かないにしても、特定の部署や人に仕事が集中したり、精神的に追い込まれたりすることは少なくない。

しかし、今日の会社は利益を上げることとともに、個々人が気持ちよく働けることも必要条件だろう。いくら利益が積み上がっても、職場がギスギスして個々人に幸福感がないとすれば、それは本当の経営とはいえない。おそらく、利益が出る状態も長続きはしないだろう。

職場のルールや雰囲気を急に変えるのは無理かもしれないが、せめてその前段階として、各自が思っていることを聞き取っていく工夫が必要だ。特に新人・若手は慣れないこともあるし、上司に対して言いたくても言えないことが多くあるはずだ。

しばしば新人・若手の離職率の高さが話題になるが、彼らに話を聞くと、仕事内容そのものより、職場での無力感・孤独感を理由に挙げる者が多いのである。

もちろん、仕事である以上、全員が毎日ハッピーというわけには行かない。単なるわがままに由来した不平や不満もある。だがそれらも含めて、まずは吐き出せる場をつくること。その役を担えるのは、おそらく現場を束ねる中間リーダーしかいない。

例えば私の場合、現在主任的な立場にいるので、大学職員の方と**積極的に雑談の機会を設ける**ことにしている。

彼らの中には、わがままな先生方に振り回されて苦労している人もいる。だが面と向かって意見はしにくい。そこで私がさりげなく聞き出して、できるかぎり調整したり、先生方に伝えるべきは伝えたりしている。

これは、私の性格が世話好きだからではない。職場の誰かがストレスを抱えていると、それがいつか職場全体に蔓延し、雰囲気が悪くなる。それを避けるため、自分にできる範囲のことをしているだけだ。

あるいは学生に対しても、以前、大学の授業全般についてアンケートを取ったことがある。やはり授業に不満を持っていたとしても、それを表明する機会がないからだ。それに日本人の場合、こういうことについて「話してみて」と問いかけてもなかなか多くを語らないが、「書いてみて」と要請すると意外に本音を書いてくる。その意味でも、アンケートは優れたコミュニケーションだ。

先生の名指しは避けて回答してもらった後、私はそれを整理してペーパーにまとめ、学部のすべての先生方に配布した。大学はあくまでも学生が主役なので、私自身を含め、記述に思い当たるフシのある人は改善しましょうという趣旨だ。

これは先生方のためにもなるし、学生のためでもある。要望に一〇〇%応えることは無理としても、多少授業に変化が見られれば、「自分の声が届いた」という気になれる。それが、勉強への意欲につながるのである。

会社でも、これは応用できるだろう。田中正造のように、生涯をかけて部下や後輩の声を代弁するのは不可能かもしれない。

しかし、雑談しながら様子を探ったり、簡単なアンケートをつくって答えてもらう程度ならハードルは低い。

要は、コミュニケーションの回路をつくる、または増やすわけだ。それにもとづいて何らかのフィードバックができれば、双方にとってメリットは大きいだろう。

第 7 章

思想と精神を体現する

私は論語で一生を貫いて見せる。

渋沢栄一（幕末の武士、官僚、実業家）

「古典力」で資本主義を育てる

「日本の資本主義の父」といえば、渋沢栄一だ。江戸時代は幕臣だったが、明治以降は大蔵省勤務を経て野に下り、数百の企業を立ち上げた人物として知られる。

とりわけ大きな功績は、幕臣時代にパリ万博の視察のために渡欧した際、現地の金融システムについて学んできたことだ。

その知識を活かし、第一国立銀行（現・みずほ銀行）や東京証券取引所を設立して日本に資本市場をもたらしたのである。

そんな渋沢に、『論語と算盤』という著書があることは有名だろう。一見すると相容れないように思える「論語」と「算盤」だが、渋沢の中では切っても切れない関係らしい。同書の冒頭に、それを象徴するような痛快なエピソードが綴られている。

大蔵省をわずか三年半程度で退官し、民間人として生きようと決めたとき、同僚から「賤しむべき金銭に目が眩み、官を去って商人になるとは呆れる」と責められる。

当時はまだ、官や政治がもっとも偉く、民や経済はその下に置かれるものという風潮があった。それに対し、渋沢は以下のように敢然と言い放つのである。

「私は論語で一生を貫いて見せる、金銭を取扱うが何故賤しいか、君のように金銭を賤しむようでは国家は立たぬ」

（『論語と算盤』国書刊行会）

渋沢の頭の中では、経済こそ国家の基盤になるとのイメージができていた。では自分はそこに身を置くことで金儲けがしたいのかといえば、そうではない。あくまでも国家のためである。

では国家が富をなすための経済とは何かといえば、その中心に仁義道徳があることが条件になる。そうでなければ、持続可能性がないからだ。

だから、「算盤」には仁義道徳を真摯に説いた『論語』が必要なのである。言い換えるなら、自分の行動原理を『論語』に委ねつつ、経済の道を邁進しようと考えたわけだ。

例えば『論語』には、「子の曰わく、其の以す所を視、其の由る所を観、其の安んずる所を察すれば、人焉んぞ隠さんや、人焉んぞ隠さんや」（為政第二）という言葉がある。人物を見分けるには、その人のふるまいと行動の動機、そして何をすると満足するのかの三点を観察すればよい、というわけだ。

渋沢はこの章句におおいに得心し、日常的に実践していたらしい。

もちろん、こういう教えは今日の経済活動でも通用する。「仁義道徳」というと堅苦しいが、**どんな仕事であれ、信用がなければ成り立たない。その積み重ねが一国の経済を支え、長期的な発展を可能にする。**今や、これに異論を持つ人はいないだろう。

孤独なリーダーこそ「マイ古典」を

渋沢の功績は、経済と『論語』を結びつけたことだけに止まらない。もう少し幅広く捉えるなら、**古典の活かし方を提示した**という点において価値がある。個々人のメンタルは、古典を持つことによって強化できるのである。

『論語』は渋沢にとって文字どおりの座右の書となり、精神の支えになった。『論語』にかぎらず、もともと古典は長い年月を経て膨大な人に読み継がれ、有用と認められたからこそ今日に存在している。

その意味で、書物として優れていることは折り紙つきだ。その世界に触れないことは、現代人にとってむしろたいへんな損のように思える。

もちろん、一口に古典といっても無数にある。そのすべてに目を通すのは無理だろう。しかし、たった一冊でも「マイ古典」と呼べるような本を見つけることができれば、どれだけ精神の支えになるか知れない。

特に組織のリーダーは孤独になりやすいため、「マイ古典」の存在は不可欠ではないだろうか。

それも、ネットや新聞のように「情報」として読んではいけない。だいたい読書の良さの一つは、著者の人格を感じられることにある。そこから情報の部分だけを抽出して読んだとしたら、まったく味気ないものになってしまう。

例えば『論語』であれば、そこには孔子の生きた姿が宿っている。もともと弟子に語った言葉をまとめたものだから、表現には人格がにじみ出ている。読者はその〝声〟を聞き、その人格と丸ごと対峙するからこそ、自身の精神や行動原理にも影響が及んでくるのである。私はこれを「古典力」と呼んでいる。

「古典力」を身につけるには、大きく三条件がある。

第一に、いつでも持ち歩くこと。たいてい文庫になっているから、さして負担にはならないはずだ。

第二に、ボールペンやマーカー（できれば赤青緑の三色の入ったボールペン）でどんどん書き込むこと。気に入った言葉に線を引いたり、囲ったりする程度でいい。

そして第三に、読んだ内容を人に話すこと。もちろん「古典講座」を開こうという話ではない。雑談の流れに乗せ、自分の経験と結びつけて引用するのが理想だ。

学生にこの三箇条を実践させたところ、「本の読み方が変わった」「内容が身についている感じがする」「座右の書に出合えた」とたいへん好評だった。古典の言葉は、リーダーの精神を支えてくれる。

「ライオンに追われた野うさぎが肉離れしますか。」

イビチャ・オシム（プロサッカー監督）

ピッチに哲学を持ち込んだ監督

サッカー選手が練習中や試合中に肉離れを起こすことは、少なからずある。あるいはプロ野球選手でも、一塁に駆け込む途中にやってしまったりすることがたまにある。当然ながら、彼らは長期離脱を余儀なくされる。

私たちは観客としてそういう姿を見ると、「全力プレーの結果だろう」「故障は仕方がない」とつい同情しがちだ。

ところが、そんな温かいマインドに冷や水を浴びせかけたのが、サッカー元日本代表監督のイビチャ・オシムだ。

「ライオンに追われた野うさぎが肉離れしますか」

（ジェフユナイテッド市原・千葉公式サイト「オシム監督語録」）

独特の表現とも相まって、この発言は話題を呼んだ。オシムの数々の言葉の中でも、とりわけ象徴的に語られることが多い。

たしかに、野うさぎが肉離れを起こして倒れ込む姿は想像しにくい。突如ライオンが現れたとしても、文字どおり脱兎のごとく逃げるはずだ。

ではなぜ、野うさぎは肉離れと無縁なのか。身も蓋もない話をすれば、もともと筋肉の質が柔らかいため、故障しにくいことが一つ。しかし、それだけではない。いつ外敵に襲われても対応できるよう、常に準備をしているからだ。いわゆる野生の感覚を張りめぐらしているのである。

もちろん、オシムの意図は後者にある。肉離れは、想定外の瞬発的な動きをしたときに起こしやすい。練習中や試合中にそれが出るということは、想定が足りなかったことを意味する。つまりは準備不足ということだ。

カズこと三浦知良選手にしろ、イチロー選手にしろ、あるいはかつての王・長嶋にしろ、長い現役時代を通じてほとんど大きなケガをしていない。

それも無理なプレーを避けた結果ではないことは、ファンなら誰でも知っているはずだ。いかに入念な準備が大切か、彼らの存在は野うさぎよりずっとリアルに物語っているといえるだろう。

しかし、こういう一流のスターを引き合いに出すのではなく、**あえて「野うさぎ」の例を語るあたりに、オシムの懐の深さが感じられる。**

スポーツの世界にかぎらず、ビジネスの現場においても、準備が足りないばかりに失敗する事例は日常的にある。そんなとき、仮に上司が「イチローを見習え」と叱ったとしても効果は薄いだろう。あまりにもレベルが違い過ぎる分、「見習えるわけがない」とあきらめてしまうからだ。

その点、野うさぎなら手が届くような気がしてくる。

たいへん厳しい指摘でありながら、そこはかとなくユーモアも感じるし、説得力もある。

だからこそ、多くの人の胸に刺さって記憶されているのだろう。

巧みな比喩のメッセージ

もともとジェフユナイテッド市原の監督として招聘されたオシムは、日本のサッカー界に哲学的な洞察を持ち込んだ人物だった。その発言はサッカーチームの監督の域を越え、一般の人が聞いても感心してしまう奥深さがある。たとえサッカーをよく知らない人でも、ハッと気づかされるような鋭さがある。

だから、日本代表監督を務めた期間はわずか一年あまりだったものの、知名度は抜群に高い。

たとえば、以下の言葉も話題を呼んだ。

「サッカーというのは、バランスを保つために水を運ぶ役割をするような選手が必要になってくるわけです」

（前掲サイト「オシム監督語録」）

これは、守備的ミッドフィルダーであるボランチの役割を形容したものだ。攻撃陣のような派手さはないが、相手からボールを奪って味方の攻撃陣に渡すことが期待される。このポジションを全うするには、たいへんな運動量が必要だ。

ただし、ふつうに「ボランチは運動量を増やせ」と発破をかけるだけでは、サッカー選手にしか意図は伝わらない。それも単純な戦術にまつわる説教でしかないから、どこまで浸透するかも不明だ。

その点、「水を運ぶ人が必要だ」という言い方なら、あらゆる人の心に響きやすい。どんな仕事であれ、こういう〝縁の下の力持ち〟的な存在は欠かせないからだ。

ある人は自分の仕事をその役割になぞらえて発奮し、またある人はそういう存在の上に自分の仕事が成り立っていることにあらためて気づき、感謝する。

いずれにせよ、**本質を突いた比喩だからイメージしやすいし、印象に残りやすいのである。**

「自由とは勝ち取る可きものなり、貰うべき品にあらず。」

中江兆民（思想家、ジャーナリスト、政治家）

『民約論』に込められた意味

かつて東大法学部に在籍していたころ、ある先生に中江兆民の『三酔人経綸問答』を読めと指導されたことがある。

読みやすい本ではないが、おそらく先生は、日本人に「自由」や「人権」という概念を根付かせようとした重要な文献であると認識されていたのだろう。

中江兆民といえば、ルソーの『社会契約論』を『民約論』として訳し、日本に紹介した人物として知られる。

ルソーは個人の「自由」というものの重みを説く思想家だった。「自由」は社会から保障されなければならない。かといって自由を得た者がわがまま放題に振る舞っていいというわけでもない。そこで社会と契約を結ぼうというのが、『社会契約論』の主旨である。

こういう自由や人権という概念、あるいは社会と人間の関係について考えるという発想を、明治初期の日本人はまだ持っていなかった。そこで中江は、翻訳して日本人を啓蒙することに意義を見出したのである。自由とは社会と民との約束である、という意味で『民約論』だ。

その中江の思想または使命感を端的に表したのが、有名な「自由とは勝ち取る可きものなり、貰うべき品にあらず」の一言だ。単純な言葉だが、これは私たちがなぜ世界史を学ぶ必要があるのか、という問いに対する回答でもある。

長い人間社会の歴史において、「自由」や「人権」といったものが保障されるようになったのは、ごく最近だ。ほんの少し前まで、国の方針に異を唱えると目をつけられ、場合によっては処刑されたりすることは、どこの国にもあった。

それが変化したのは、一八世紀末にアメリカが「独立宣言」を採択し、またフランス革命によって「人権宣言」が生まれて以降だ。

王や貴族ではなく、市民が新しい国をつくるという時代になって、ようやく「自由」や「人権」が獲得された。

つまり「自由」や「人権」とは、まさに中江が指摘したとおり先人が戦って勝ち取ったものであり、守るべきものなのである。

ところが日本の場合、明治維新を機に西欧から「自由」や「人権」にまつわる制度を翻訳して導入した。つまり、勝ち取った歴史を持たないわけで、その価値にも気づきにくい。天からもらったもののように錯覚したとしても、無理はない。中江の言葉は、それに対する警鐘の意味もあるのだろう。

実際、法律の世界には「権利の上に眠る者は保護に値せず」という〝格言〟がある。権利はいつまでも保障されるものではない。自分自身で守ったり行使したりしなければ、しだいに削られるということだ。

極端な場合、民主主義による権利を当たり前のものと思っていると、そのうち独裁者による軍事政権が誕生し、自由も権利も奪われる日が来るかもしれない。

現状の豊かさを「当たり前」と思うな

これは、国家と個人の問題に止まらない。学校でも、「自主性を重んじる」との名目の下、生徒に対して無条件に自由放任を徹底したらどうなるだろう。**「自由」の価値を教えられていない生徒は、たちまち野放図になってしまうおそれがある。**

その結果、「これではいけない」とばかり、振り子が反対に振れるようにがんじがらめの規制を導入する例も少なからずある。

例えば、修学旅行で大半の時間を自由行動にした結果、各自勝手に遊び回るだけだったとしよう。翌年からは集団行動が基本となり、ずっと先生が引率して真面目に史跡名勝を巡る旅に変わるだろう。あるいは修学旅行自体、廃止されるおそれもある。あっという間に自由は削られるわけだ。

ここで起きているのは、いわゆる「自由の履き違え」だ。仮に、かつて集団行動が中心だった時代があり、信用を得て少しずつ自由行動の時間が増えたという歴史があったとすれば、そう簡単に軽率な行動には走らないだろう。

あるいは**本人がその歴史を経験しなかったとしても、知識として学ぶことはできる。そこで自覚できるか否かで、その後の行動も変わってくるのである。**

経済的な豊かさについても、それを勝ち取った人ともらった人とでは、認識が大きく違うだろう。

おそらく戦前生まれの人の多くは、前者のはずだ。日本が貧しかった時代を経験しているから、今日のありがたみもよくわかるし、もう貧しい時代に戻してはいけないという緊張感・使命感もある。

一方、昨今は三〇歳代になっても親の家で同居し、なんとなく親の収入や年金で食べて行ければいいと考えている人が相当数いる。

こういう人にとって豊かさは最初から与えられたものであり、失われることなど想像できないだろう。だから逆に、お金の使い道を誤ったりするのである。

さらにいえば、自分の会社に頼ろうとする人も少なくない。特に大企業に所属していると、「これで自分は安泰だ」と錯覚して緩む人がいる。

しかし、そういう人ほどあっさりリストラされる事例は無数にある。また、仮にそういう社員が増えたとすれば、その時点で会社自体が危ういだろう。

当然ながら、大企業に成長するまでには相応の歴史があったはずだ。またどれほど組織が大きくても、市場で勝ち残れるとはかぎらない。このあたりは、誰もが少なからず感じていることではないだろうか。

歴史を踏まえること、現在の状況を当たり前と思わず、先人の労苦に思いを馳せることが、リーダーシップとなる。

人生最大の報酬は、知的活動によって得られる。

キュリー夫人（物理学者、化学者、ノーベル物理学賞・化学賞受賞者）

科学者にとって喜びとは

夫とともにノーベル物理学賞を受賞し、その八年後に一人でノーベル化学賞を受賞した女性といえばマリ・キュリー、つまりキュリー夫人だ。女性初の受賞者であり、史上唯一の二度の受賞者でもある。

最初は夫と二人三脚で、その夫を不慮の事故で失ってからは単独で、生涯のほぼすべてをかけて取り組んだのが放射性元素ポロニウムとラジウムの研究だ。

その成果は、物理・化学・医学の世界に大きな影響を及ぼすことになる。また研究途上の六六歳で亡くなったのは、実験中の放射線被曝が原因ともいわれている。

その業績もさることながら、すばらしいのが精神のあり方だ。ラジウムを発見し、その精製技術を開発したとき、それを特許も取らずに公開した。医学界や産業界はこぞってその技術を使い、ラジウムを量産したという。当然ながら、もし特許を申請していれば莫大な報酬を得られたはずだ。

だがそんな声に対し、キュリー夫人は「人生最大の報酬は、知的活動によって得られる」と答えたという。つまり、**知的活動自体が報酬である**というわけだ。これは間違いなく本心だろう。

科学者にとって、真理の探求は最大の喜びだ。例えばアイザック・ニュートンは、「私たちは海岸で貝殻を拾って遊ぶ子どものようなもの。真理の大海は果てしなく広がっている」と述べたといわれている。

あるいはアインシュタインも「学ぶほど、自分の無知に気づかされる。無知に気づくほど、学びたくなる」などと語っている。一つの道をきわめたからこそ、こういう境地に達するのだろう。

ともすれば金銭的価値だけが唯一の尺度のように思われる昨今だが、その観点でいえば彼らの人生をかけた探求は無価値ということになる。だがそうではないことは、歴史が証明しているとおりである。

もし今後、知的探求自体を報酬と考えるような科学者が現れなければ、科学の世界は痩せてしまうだろう。逆に**探求の気概に燃える科学者が続々と登場すれば、そこに文化伝統が生まれ、果敢なチャレンジも旺盛になるはずだ。**

これが、科学者としてのリーダーシップの示し方ではないだろうか。

もちろん、例えば企業と連携したとしても、けっして悪いことではない。それによって社会に資することになるかもしれないし、もっと大きなチャレンジができる環境が整う可能性もある。

その典型が、岐阜県にあった「カミオカンデ」だ。素粒子ニュートリノを観測するための大型施設で、民間企業の浜松ホトニクスが設置した。そこでの研究成果により、小柴昌俊東大特別栄誉教授がノーベル物理学賞に輝いたことは周知のとおりである。

同施設はその後、同社によってより高性能な「スーパーカミオカンデ」に置き換えられた。いずれの設置も技術的・採算的に容易ではなかったが、小柴教授の熱意に賛同し、協力を惜しまなかったという。

リーダーが高邁な理念を掲げて真理を探求しようとするからこそ、協力しようという人が現れる。科学技術の発展を考えれば、これは理想的な関係と言えるだろう。

「心」と「精神」は分けて考える

キュリー夫人はまた、先の特許の申請について「科学の精神に反する」と述べたともいわれている。彼女のアイデンティティの中核に、「科学の精神」なるものが存在しているということだ。これが、彼女の強さではないかという気がする。

私はかねてより、「心と精神とを分けて考える」ということを提唱してきた。「心」はあくまでも個人的なもので、状態は日々刻々と揺れ動く。それに対し、「精神」は個人のものではなく、したがって揺るがない。

キュリー夫人をはじめ、ガリレオであれ、ニュートンであれ、不動の「科学の精神」を中核に据えていたからこそ、心理的な喜怒哀楽に悩まされる部分を抑え、研究に打ち込むことができたのではないだろうか。

「精神」は科学だけに存在するわけではない。「武士道」や「○○魂」と呼ばれるものも同類だし、「愛社精神」や「開拓者精神」なども仲間に加えていいかもしれない。

「この道をきわめたい」「自分以外の○○のためにがんばる」「極論すれば生涯を捧げてもかまわない」というものが中心にあれば、多少のことでは動じなくなるし、仲間や協力者も得やすい。つまり、結果的に心も落ち着くのである。

逆にいえば、心が不安定になるのは、「精神の文化」というものを自分の柱として身につけていないためでもある。

戦後の日本人を俯瞰してみると、概して精神の力は戦前より落ちている。それでも経済成長を続けている間は、未来に希望を持つことで心の安定を得ていたように思われる。ところが一九九〇年代に入ると、それぞれの未来像が怪しくなり、心の揺らぎが大きくなった。だからいよいよ精神の弱さが露呈し、不安や心の病の引き金にもなっているのではないだろうか。

キュリー夫人は、「人生の中で恐れるものなど何もない。ただ理解するだけだ」とも述べている。たしかに私たちは、理解できないものを恐れる傾向がある。理解が深まれば、その分だけ恐れも小さくなるはずだ。やや敷衍していえば、この言葉には、一つのことを夢中で研究し、突き進んだ人間の強さが感じられよう。

結果的に理解できないことも、世の中には無数にある。では恐れは恐れのままかといえば、そうではない。対象を理解しようとギリギリまで努力したこと自体が、ある種の自信になり、覚悟にもなるからだ。それが、「精神の文化」をつくるということでもある。

日本の女子教育に尽したい、自分の学んだものを、日本の婦人にも頒ちたいと、かういふ考へで帰りました。

津田梅子（教育者、津田塾大学創立者）

強烈な使命感に支えられて

津田塾大学の前身である女子英学塾は、一九〇〇年に開校した。その開校式で、塾長の津田梅子は以下のような式辞を述べている。

「（前略）不思議な運命で私は幼い頃米国へ参りまして、米国の教育を受けました。帰朝したらば——之といふ才能もありませんが——日本の女子教育に尽したい、自分の学んだものを、日本の婦人にも頒ちたいと、かういふ考へで帰りました。（略）此の塾は女子に専門教育を与へる最初の学校であります。従て世間の目にもつき易く色々の点で批評を受けることで御座いませう（以下略）」

（『津田梅子』大庭みな子著、朝日文芸文庫）

日本初の女子留学生として六歳でアメリカに留学していた梅子は、日本語より英語のほうが得意だった。したがってほとんどのスピーチは英語で行ったという。しかし、この式辞ばかりは日本語を使った。より多くの日本人にメッセージを伝えたいという意気込みのあらわれだろう。

一八歳で帰国したが、アメリカの生活文化に親しんだため、日本の生活にはなじめない。それにアメリカで学んだことも活かせない。

特に女性の地位が低くて自由がなく、未婚女性にいたっては「何もできない」と見なされてしまう。そこで自ら女性のための学校を設立し、英語教育を中心として、女性が社会進出できるような世の中に変えていこうと思い立つのである。

その背景にあるのは、自分を留学生としてアメリカに送り出してくれた日本への恩義だ。

梅子のように国費で送られたのは五人。

しかし政府は、その人材をどう活かすかまでは考えていなかったらしい。そこで自分に何ができるか、どうすれば恩返しになるかを考え、自ら道を切り開いたわけだ。

しかもそれを、生涯をかけたミッションとして位置づけていた感がある。

ちなみに女子大学は、女子だけを囲い込むという意識ではなく、あくまでも女性の社会進出のためにつくられたものが多い。共学だけであれば、男の競争の中に埋もれてしまうおそれがある。

だから女子だけ特別な教育を受けさせ、ある分野の専門家を養成したり、またそれを次世代の女性に引き継いでもらうことにより、活躍の輪を広げていこうというわけだ。

創始者のメッセージのある組織は強い

留学時から縁のあった伊藤博文も、こういう梅子の姿勢を励ましていたらしい。先の『津田梅子』には、以下の記述がある。

「(伊藤は)日本の女性は仕事や知識についてもっと考えるべきだと思っていますし、さし当たって、看護婦の仕事などがふさわしいと思っています。そして私がもっと日本について学び、同胞の女性を導くことを期待しているし、そのために手助けしてくれる意思と親切があるようです」

これらの経緯を踏まえて冒頭の式辞を読み返すと、決意と使命感と自信のほどが窺える気がしないだろうか。

そんな梅子の意気込みは、見事に結実した。周知のとおり、今や津田塾大学といえば名門大学の一つだ。

それも単に偏差値の問題ではなく、梅子の精神が脈々と息づいている。特に英語教育に優れているし、私の印象でも、同学出身者はしっかりした人が多く、社会への影響力も大きい。

もちろん式辞だけの力ではないが、**自らのミッション意識をきちんと言葉で伝えたこと**が、今日に生きているのだろう。

しかも、その歴史的または社会的な価値にまで言及できれば、賛同者や信奉者はより増える。そこに情熱や本気度が感じられれば、時代を超えて、人の心にきちんと届くのである

る。

津田塾にかぎらず、創始者のメッセージが言葉として残っている組織は強い。例えば慶應義塾にしても、福沢諭吉の理念や精神が語り継がれてきたから、さまざまな人材を輩出し、名門と呼ばれるに至っているのである。

あるいは企業にしても、創業者の精神を大切に守っているケースは少なくない。時代の流れの中で、しばしばそれが経営の足かせになることもある。そこは高度な判断が必要なところだが、安易に精神を捨てるようでは、人はついてこないだろう。

あとがきにかえて――語るべき言葉を持つための、三つの処方箋

「リーダーシップとは言葉の力である」。こう意識するだけで、リーダーシップが育つ。「自分の言葉には力があるだろうか」と自問することが、リーダーシップを身につける第一歩となる。

およそ日本の歴史において、「この発言が時代を変えた」といえるような名演説はきわめて少ない。

本文で触れたとおり、せいぜい北条政子が御家人の前で切った啖呵ぐらいだろう。幕末の動乱期でさえ、誰かの演説がキーポイントになったという印象はない。あるいは国会や国際会議の場での演説にしても同様だ。

英語の「スピーチ」を「演説」と訳したのは福沢諭吉である。当時、日本人の演説下手を危惧した福沢は、慶應義塾内に「演説館」を設置して練習を奨励した。『学問のすすめ』では、その効用を以下のように説いている。

「演説をもって事を述ぶれば、その事柄の大切なると否とはしばらく擱き、ただ口上をもって述ぶるの際におのずから味を生ずるものなり。譬えば文章に記せばさまで意味なきことにても、言葉をもって述ぶればこれを了解すること易くして人を感ぜしむるものあり」

たしかに日常でも、文章を読むより人の話を聞いたほうが、ニュアンスまで含めてよく理解できたりする。あとは、話し手の問題だ。

演説館の設立からそろそろ一世紀半が過ぎようとしている今日、はたして日本人の演説力はどれだけ上がっただろうか。正直なところ、さして変わっていないような気がする。

演説にかぎらず、日常的な仕事の会話でさえ、自分の言葉で語れないリーダーが少なくない。上司の言いなりだったり、通り一遍だったり、そもそも没コミュニケーションだったり、といった具合だ。これでは、部下も動きにくいだろう。

ただそれは、日本人が根本的に話し下手なためではない。おそらく、訓練の機会が足りなかっただけだ。

そこで以下に、私自身が実践し、学生にも指導しているスピーチの訓練方法を三つ紹介したい。本書で取り上げたような〝名言〟を残すことは難しいとしても、「人を感ぜしむる」

ぐらいの話し方はマスターできるだろう。

「一五秒プレゼン」のすすめ

最初は、「一五秒プレゼン」だ。あるテーマについて、全員の前で一人一五秒ずつスピーチしてもらうのである。

短時間だから、前置きや言い訳はできない。かといって一言だけで済ませようと思うと、間が空いてしまう。話の内容を一つに絞り、簡潔に伝えるにはちょうどいい時間なのである。テレビCMが一五秒であることを考えれば、どれだけの情報量を伝えられるかだいたい理解できるだろう。

しかも、言い切る力も身につきやすい。語尾を曖昧にすると、尻切れトンボな印象になって、いつまでも話を終われないからだ。そこで準備に時間をかけ、言い切れるだけの中身を用意して話すようになるのである。

これを授業で試した当初、学生たちの出来は惨憺たるものだった。「えー」とか「あー」と言っているうちに終わったり、話の意図が不明だったり、時間も簡単にオーバーしたり逆に余らせたり。仲間内とはいえ全員の前だから緊張するし、今までまともに訓練する機会がなかったから、これは仕方のないことである。

ところが三、四回も繰り返してみると、彼らもしだいに慣れてくる。緊張でガチガチになることもないし、スピーチらしい体裁も整ってくる。

一五秒でかなりの話ができるということも、体感としてわかるようになる。案外、この程度の訓練でもそれなりに上達するのである。

まして社会人、とりわけリーダーにとって、この手の訓練は欠かせないだろう。伝えるべきことは一五秒で言い切る。そのためにコピーライターのように言葉を選び、何を言いたいのかを明確にする。そう決めてかかるわけだ。

大学の授業のような環境で訓練するわけにはいかないだろうが、実際に声に出して予行演習をしたほうがいい。

誰でも経験があるだろうが、長いスピーチや説教は嫌われる。一五秒で切り上げたとすれば、それだけでたいへんな好感を持たれるはずだ。

加えてそこに貴重な情報や印象的なフレーズが含まれていれば、メッセージとして記憶に残りやすい。これはリーダーとして大きな〝武器〟になるはずだ。

もちろん、すべての話を一五秒で終わらせるわけには行かないだろう。しかし、一五秒を一単位と考えれば、話の中身は俄然濃くなる。例えば一分あるなら、一五秒の話を三つ用意して、前フリと締めを加えてまとめると考えればよい。

ただし、この延長線上で三分や五分といった時間を埋めていくとすると、用意すべき話は途方もなく増えていくことになる。逆にそれだけの量が必要か、聞き手にすべて届くのか、再考したほうがいいだろう。

スピーチとしてはかなり短めになるが、重要なのは長さではない。相手を前にして、自分の言葉できっちりとしたメッセージを伝えられれば、それがスピーチである。

「no ○○, no life」の空欄を埋めてみよう

そこで次の問題は、「自分の言葉を持っているか」ということだ。

例えば、本書で紹介したような著名なリーダーの言葉を引用するのはいいが、それだけではオリジナリティがない。そこにコメントを付けることで、自分の言葉になり得るのである。

とはいえ、日々の忙しさに流されて、つい何も考えられなくなってしまうこともある。そういうとき、初心に帰るための簡単な〝言葉遊び〟がある。よく「no ○○, no life（○

○がない人生なんてあり得ない)」という言い方をするが、自分ならこの「○○」に何が入るか、考えてみるのである。

人によって「music」「art」「book」などそれぞれだろう。「dog」や「cat」、あるいは「love」という人もいるかもしれない。もちろん、一つに絞れないという人もいるだろうが、そこにあえて優先順位をつけるのがミソだ。

例えば私の場合、仮に音楽がなくなったとしても、まだ生きていける。しかし本のない人生は考えられない。これまでも本に支えられて生きてきたという自負があるからだ。だから一つだけ選ぶとすれば「no book, no life」である。

私はこれを、大学で学生に試してもらったことがある。回答はそれぞれだが、自分にとってかけがえのないものを再認識する機会になったと好評だった。たしかに、自分の意識をはっきりさせることになるし、こういう〝柱〟を持つことで自信も芽生える。それを言葉にすればアイデンティティの発露にもなるはずだ。

社会人の場合、仕事上で「music」だの「book」だのと語る機会はないかもしれない。しかしこの延長線上で、今の仕事を何のためにやっているのか、最上位に来るものを考えてみていただきたい。「顧客満足」とか「愛社精神」とか、中には「お金」や「倍返し」

という人もいるだろう。

こういうものをあらためて認識すると、モチベーションにつながる。人に語って聞かせれば、当然オリジナルな話になる。あくまでも自分の内面の話だから、遠慮なく言い切ることができる。これがリーダーとしての〝強さ〟の演出にもなるのである。

「色紙」に書いてみる

そしてもう一つ、こういう自分の核になる言葉があるのなら、それを手書きしてみることをおすすめしたい。

私はしばしば、色紙に言葉を書かせていただく。その都度、相手の方の求める言葉と自分ならではの表現の接点を探るのが常だが、けっこう緊張するとともに自分を見つめる機会にもなる。

一度書けば手直しは許されないし、相手の方の手元に残るという責任感もともなう。相応の覚悟を必要とするということだ。

この感覚を、ぜひ味わってみていただきたい。誰かに贈るためではなく、自分用に書くのである。最近は小さめの色紙もあるし、筆や筆ペンが面倒ならサインペンでもいい。ただし、言葉は自分で決める。仕事上の信条や座右の銘のようなものを、一つだけ選び出すわけだ。

すると、自分で書いた言葉なのに、力強さのようなものを感じるだろう。「この言葉に嘘をついてはいけない」という気にもなる。書く作業自体が記憶に残るから、あらためてその言葉が日々の規範にもなる。わずかな労力で、たいへんな意識改革につながるのではないだろうか。

なおこのとき、書く言葉は奇をてらったものである必要はない。極端にいえば「信念」や「努力」のような常識的な言葉でも十分だ。「絶対に大事にしたい」「部下にも伝えたい」と思えるものであれば、何でもいい。

実際、著名な経営者の部屋に掲げてある言葉は、意外に単純なものだったりする。あるいは著書などを見ても、ごく平凡なまたは教科書的な仕事論や経営論であることが少なくない。では当人の実績まで平凡かといえば、そんなことはない。

例えば松下幸之助がよく書いたといわれる言葉に、「素直」がある。小学生でも知っている言葉だが、松下はこれを若いころから経営理念の中心に据え、また一生涯の目標にもしていたという。その結果として今日のパナソニックが築かれたと考えれば、ぐっと重みが増してくるだろう。

あるいは千利休は、茶の湯の心得としていわゆる「四規七則」を掲げた。「四規」とは「和敬清寂」を指し、「七則」とは「夏は涼しく」「冬は暖かく」「茶は飲み加減のいいように点てる」「いい天気でも雨具の用意をしておく」等々を指す。あるとき、これを聞いた人が「それぐらいは誰でもわかっているのでは？」と尋ねたところ、利休は「以上のことをきちんと守れる茶会を開けるなら、私はその人の弟子になりましょう」と答えたという。

言葉にすれば当たり前のことでも、それを遂行できる人、ハイレベルなところで達成できる人は少ないということだ。

だからこそ、あえて自らの手で書き、肝に銘じることに意義が生まれる。またリーダーとしてそれを日々口にすれば、自らを律することにもなるし、部下にも意思を浸透させやすくなる。いわば、部下をその言葉のカラーに染めていくわけだ。

以上、自分の言葉で語るための方法を考えてみた。一人でも多くのリーダーが話し下手を卒業し、「言葉の力」を武器に戦うことを願って止まない。

この本は、『人はチームで磨かれる』と同様、日本経済新聞出版社の桜井保幸さんとライターの島田栄昭さんの御協力を得て形となった。ありがとうございました。『人はチームで磨かれる』とセットで読んで頂ければ幸いです。

齋藤　孝

本書は、二〇一三年一一月に刊行した『リーダーシップとは言葉の力である』を改訂、改題し、文庫化したものです。

日経ビジネス人文庫

すぐれたリーダーに学《まな》ぶ
言葉《ことば》の力《ちから》

2017年8月1日 第1刷発行

著者
齋藤 孝
さいとう・たかし

発行者
金子 豊

発行所
日本経済新聞出版社
東京都千代田区大手町1-3-7 〒100-8066
電話(03)3270-0251(代) http://www.nikkeibook.com/

ブックデザイン
鈴木成一デザイン室

印刷・製本
凸版印刷

Printed in Japan ISBN978-4-532-19830-5

nbb 好評既刊

35歳からの勉強法

齋藤 孝

勉強は人生最大の娯楽だ！ 音楽・美術・文学など興味ある分野から楽しく教養を学び、仕事も人生も豊かにしよう。齋藤流・学問のススメ。

人はチームで磨かれる

齋藤 孝

皆が当事者意識を持ち、創造性を発揮し、助け合うチームはいかにしてできるのか。その実践法を、日本人特有の気質も踏まえながら解説。

禅が教えるビジネス思考法

枡野俊明

できる人と思われたい、部下の面倒を見られない、何のために働くのかわからない――。曹洞宗建功寺の住職がビジネス人の悩みに答える。

58の物語で学ぶ
リーダーの教科書

川村真二

どんな偉大なリーダーでも、みな失敗を重ねながら成長している――様々な実話を通してリーダーに必要なスキル、心のあり方を指南する。

80の物語で学ぶ働く意味

川村真二

誰もが知っているあの人も悩んだ末に自分の道をみつけた。エピソードと名言を通し、生きることと働くことの意味を考える人生アンソロジー。